급할 때 바로 찾아 말하는

**시원스쿨**

# 여행
# 태국어

KB060828

S 시원스쿨닷컴

급할 때 바로 찾아 말하는

## 시원스쿨 여행태국어

**초판 2쇄 발행** 2022년 11월 15일

**지은이** 옹지인 · 시원스쿨어학연구소
**감수** 차나마스 펭쏨분(Chanamas Phengsomboon)
**펴낸곳** (주)에스제이더블유인터내셔널
**펴낸이** 양홍걸 이시원

**홈페이지** thai.siwonschool.com
**주소** 서울시 영등포구 국회대로74길 12 남중빌딩 시원스쿨
**교재 구입 문의** 02)2014-8151
**고객센터** 02)6409-0878

**ISBN** 979-11-6150-242-7
**Number** 1-410201-18181807-06

이 책은 저작권법에 따라 보호받는 저작물이므로 무단복제와 무단전재를 금합
니다. 이 책 내용의 전부 또는 일부를 이용하려면 반드시 저작권자와 ㈜에스제
이더블유인터내셔널의 서면 동의를 받아야 합니다.

# 머리말
## 이 책을 내면서…

태국은 UN 회원국의 일원으로 1950년 한국전쟁 당시 우리나라에 군대를 파견하여 함께 용맹하게 싸운 혈맹국입니다. 한국전쟁이 끝난 이후 1958년에 이르러 한국과 태국은 정식으로 외교 관계를 수립하였으며, 수교 60년이 넘은 지금까지 우호적인 관계를 유지해 오고 있습니다. 태국의 관광산업은 GDP의 약 12%를 차지하는 매우 중요한 산업 중 하나입니다. 매년 약 3천 5백만 명의 외국인이 여행을 목적으로 태국을 찾고 있으며, 우리나라에서도 연간 백만 명 이상이 여행을 위해 태국을 방문합니다.

그러나 다소 생소한 태국어 문자와 성조로 인해 태국을 방문하는 많은 사람이 태국어로 소통하기 어려워합니다. 『시원스쿨 여행 태국어』는 이러한 문제를 해결하고자 집필하였습니다. 그래서 태국어를 하나도 모르는 여행자도 한국어 독음만으로 태국어를 술술 말할 수 있습니다. 이 한 권만 있다면 누구든지 태국에서 자유롭게 의사소통할 수 있을 것입니다.

여행지에서 원어민과 태국어로 소통을 하다 보면 미처 몰랐던 태국의 문화와 그 나라의 정을 더욱더 깊게 느낄 수 있습니다. 비록 완벽한 발음이 아니더라도 우리가 현지어로 소통을 하려는 노력을 보여준다면 태국인들은 우리에게 더욱 친근하게 대해줄 것입니다. 『시원스쿨 여행 태국어』를 통해 태국의 문화를 더욱 즐겁고 깊이 있게 느끼며 오래도록 기억에 남는 여행을 하시길 바랍니다.

저자 옹지인

# 『시원스쿨 여행 태국어』는
## 다음과 같은 생각에서 만들었습니다.

---

### 『시원스쿨 여행 태국어』 책은 태국어를 배우는 책이 아니다!

태국어의 기본적인 원리를 알고 익히려면 적게는 2개월에서 많게는 1년 정도가 걸린다.

### 『시원스쿨 여행 태국어』 책에 태국어의 원리를 나열한다면 이 책의 두께가 지금의 3배는 되어야 할 것이다.

현실적으로 들고 다닐 책으로는 적합하지 않게 된다.

### 그러면 여행까지 3개월 정도의 시간을 앞둔 우리에게 현실적으로 필요한 책은?

빨리 찾을 수 있는 책이어야 한다.

그 순간이 왔을 때 바로바로 눈에 문장들이 들어와야 한다.

이 책은 상황 → 단어 → 문장으로 연결된 여행 태국어책이다.

상황 속에 포함된 단어를 떠올리고 그 단어에 쓰인 문장을 바로 찾을 수 있게 했다. 이 책의 유일한 목표는 빨리 찾아 말하게 하는 것이다.

여행지에서 당황하지 않고, 빨리빨리 찾아 말할 수 있는 활용도 높은 여행책!

# 『시원스쿨 여행 태국어』
## 100% 활용하는 법

---

**색인**  미리 보는 여행 태국어 사전

**단어와 문장만 순서대로 모아 놓은 색인,** 모든 상황의 핵심 회화 표현이
가나다 순서로 되어 있어 필요한 문장을 빠르게 찾을 수 있다.

## Step 1  여행지에서 겪을 수 있는 10가지 상황과 10개의 PART

## Step 2  각 상황별로 필요한 단어의 사전식 구성

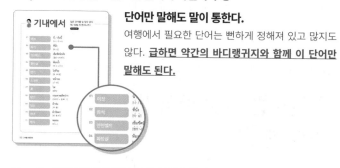

### 단어만 말해도 말이 통한다.

여행에서 필요한 단어는 뻔하게 정해져 있고 많지도
않다. **급하면 약간의 바디랭귀지와 함께 이 단어만
말해도 된다.**

## Step 3  해당 단어의 번호를 따라 문장 찾기

### 급할 때 빨리 찾아 읽는다.

1. 각 단어 옆에 표기되어 있는 번호대로 옆 페이지를
   따라가 보면 문장을 찾을 수 있다. 언제 어디서든
   필요한 문장을 몇 초 안에 찾을 수 있다.

2. 여행에 필요한 상황은 총 10가지. 어떤 페이지를
   펼치더라도 필요한 상황으로 빨리 넘어가도록 표시
   되어 있다.

### 할 말은 합니다.

여행하다 보면 어느 곳을 가든 claim(클레임)을 할 상황
들이 생기게 마련이다. 이때 말이 안 통한다고 불이익을
당하기만 할 순 없는 법! 적절한 표현들을 에피소드로
엮어 재미있게 읽을 수 있다.

### Step 4  실제로 듣고 말해서 실전 감각 익히기

원어민이 녹음한 MP3 음원을 제공해 듣고 말하는 연습을 하여 실전 감각을 익힐 수
있다.

# 함께 활용하면 효과가 up!
# 『시원스쿨 여행 태국어』
# 무료 제공!

1. 원어민이 녹음한 'MP3 음원' 제공
2. 태국 음식 메뉴판 제공
3. 활용도 높은 표현만 수록한 '표현 미니북' 제공

MP3 음원을 반복해서
들으면 저절로 말이
트여요~

---

※ 표현 미니북 PDF와 MP3 음원 파일은 시원스쿨 태국어(thai.siwonschool.com)
홈페이지 접속 ▶ 학습지원센터 ▶ 공부 자료실에서 무료로 다운로드 받으실 수
있습니다.

# 목차 CONTENTS

# 미리 보는 여행 태국어 사전

- 필요한 단어와 문장이 한글 순서로 제시되어 있어요.
- 원하는 문장을 골라 바로 찾을 수 있어요.

## ㅍ

# ▎여권

## ▪ 여권이란

여권은 소지자의 국적 등 신분을 증명하는 공문서의 일종으로, 1회에 한하여 외국 여행을 할 수 있는 단수여권과 유효기간 만료일까지 횟수에 제한 없이 외국 여행을 할 수 있는 복수여권이 있습니다.

## ▪ 전자 여권이란

전자 여권이란 여권 내에 칩과 안테나를 추가하고 개인정보 및 바이오 인식 정보를 칩에 저장한 기계 판독식 여권을 말합니다. 여권의 위 변조 및 여권 도용 방지를 위해 우리나라는 2008년부터 일반 여권을 전자여권 형태로 발급하고 있습니다.

## ▪ 여권 발급

### 1. 필요한 서류

여권 발급 신청서, 여권용 사진(6개월 이내 촬영한 사진) 1매, 신분증을 준비합니다.

※ 여권 사진 규정

- 규격은 가로 3.5cm, 세로 4.5cm
- 6개월 이내 촬영한 사진이어야 하며, 정면을 응시하여 어깨까지 나와야 한다.
- 뒤의 배경은 흰색이어야 한다.
- 복사한 사진, 포토샵으로 수정된 사진은 사용할 수 없다.
- 모자나 머플러 등의 액세서리는 착용해선 안 되고 안경 착용 시 빛 반사에 유의해야 하며 컬러렌즈는 착용 불가하다.
- 귀가 노출되어 얼굴 윤곽이 뚜렷이 드러나야 한다.
- 유아의 경우도 성인 사진 규정과 같으며, 장난감이나 보호자가 사진에 노출되지 않아야 한다.

## ▪ 태국에서 여권 분실 시 절차

### 1. 여권 분실 지역 관할 경찰서에 방문하여 여권 분실신고 후 분실신고서 발급

- 분실신고서는 대사관 제출서류는 아니지만 추후 출국을 위해 태국 이민국 등 관계 기관 방문 시 필수!

※ TIP - 관할경찰서가 어디인지 모르거나 어디서 분실하였는지 모르는 경우, 관광경찰서(Tourist Police)를 방문하면 됩니다.

## 2. 여권 사진 촬영(여분의 여권 사진이 있다면 패스)

- 여분의 여권 사진이 없다면 대사관의 영사관 내 즉석 사진 촬영기를 이용할 수 있습니다. (요금 100 바트)

## 3. 주태국 대한민국 대사관 영사부에서 여행 증명서 발급

- 경찰 분실 신고서와 수수료 272바트, 예약된 항공권 사본을 준비하여 대사관 영사과 방문합니다.
- 여권 발급 신청서와 여권 재발급 사유서, 여권 분실 신고서, 여권 관련 확인서신청서를 작성합니다.

  ※ TIP - 주태국 대한민국대사관 홈페이지 '영사 / visa - 여권 - 여권 관련 민원신청서 모음'에서 미리 다운로드 가능

## 4. 태국이민국(Immigration) 방문

- 대사관에서 발급받은 여행 증명서와 경찰에서 발급받은 여권 분실 신고서 반드시 지참하도록 합니다.

## 5. 태국이민국(Immigration)에서 입국 기록 확인 후 공항에서 출국

※ 주말에는 영사관을 운영하지 않습니다.

※ 점심시간을 피해서 갑니다. (점심시간 12:00 ~ 13:30)

| 준비물 | 여권 사진 2장, 분실신고서, 신분증 |
|---|---|
| 비용 | 272바트 |
| 소요시간 | 약 1일 (신청인의 신원조회 회보 결과에 따라 약 1주일 소요되는 경우도 있음) |
| 주소 | Embassy of the Republic of Korea<br>23 Thiam-Ruammit Road, Ratchadapisek,<br>Huai-Khwang, Bangkok 10310 Thailand<br>สถานทูตเกาหลีใต้ประจำประเทศไทย<br>(เลขที่ 23 ถนน เทียมร่วมมิตร รัชดาภิเษก<br>ห้วยขวาง กรุงเทพฯ 10310)<br><br>**대사관 전화번호 :** (662) 247-7537 39<br>**영사관 전화번호 :** (662)247-7540 41, (662)247-2805/ 2836 / 3225 |

# 비자

## ■ 비자란

국가 간 이동을 위해서는 원칙적으로는 사증(입국허가)이 필요합니다. 사증을 받기 위해서는 상대국 대사관이나 영사관을 방문하여 방문 국가가 요청하는 서류 및 사증 수수료를 지급해야 하며 때에 따라서는 인터뷰도 거쳐야 합니다.

## ■ 비자 없이 입국이 가능한 국가

비자 발급의 번거로움을 없애기 위해 사증 없이 입국할 수 있도록 협정을 체결하기도 합니다.

| | | |
|---|---|---|
| 90일 | 아시아 | 뉴질랜드, 말레이시아, 싱가폴, 태국, 홍콩, 일본, 대만, 마카오 등 |
| | 미주 | 멕시코, 베네수엘라, 브라질, 아이티, 우루과이, 자메이카, 칠레, 코스타리카, 콜롬비아, 페루, 과테말라, 도미니카, 아르헨티나 등 |
| | 유럽 | 영국, 이탈리아, 그리스, 스위스, 스페인, 네덜란드, 독일, 스웨덴, 핀란드, 룩셈부르크, 벨기에, 오스트리아, 체코, 포르투갈, 폴란드, 독일, 노르웨이, 덴마크, 아이슬란드, 아일랜드, 터키, 헝가리, 슬로바키아, 루마니아, 불가리아, 러시아 등 |
| | 중동 · 아프리카 | 모로코, 라이베리아, 이스라엘 등 |
| 15일 | 라오스, 베트남, 괌 등 | |
| 30일 | 필리핀, 팔라우, 오만, 몽골, 남아프리카공화국, 튀니지, 파라과이 등 | |
| 기타 | 북 마리아나 연방(사이판, 45일), 피지(4개월), 캐나다(6개월) | |

＊태국은 무비자 90일 국가로 별도의 비자를 준비하지 않아도 90일간 여행할 수 있습니다.

## ■ 비자를 발급받아야 입국이 가능한 국가

국가별로 비자를 발급받는 시점도 다르고 수수료도 다르며 해당국의 사정에 따라 사전 고지 없이 변경될 수 있으므로, 여행 전 반드시 해당 국가 공관 홈페이지 등을 통해 내용을 확인해야 합니다.

# 환전하기

## ■ 환율을 꼼꼼히 살펴보자!

환율은 하루에도 수십 번 바뀌기 때문에 타이밍이 중요합니다. 은행들이 환율 변동 흐름을 수시로 파악하고 적정한 환전 시점을 포착하는 데 도움을 주는 서비스를 무료로 제공하고 있습니다.

## ■ 인터넷 환전을 이용하자!

인터넷 환전의 경우 수수료 할인이 높기 때문에 더 경제적입니다.

## ■ 공항에서 최소한의 환전을 한 후 시내 은행, 환전소에서 환전

태국에는 환전할 수 있는 곳이 정말 많습니다. 공항에서는 숙소까지 가는 택시비 정도만 환전하고 나머지 돈은 시내에서 환전하는 것이 좋습니다. 공항, 은행 및 전문 환전소 등에서 환전할 수 있습니다.

## ■ 지폐의 상태 확인하기

찢어진 지폐는 거부하고 돈을 받을 때 꼭 지폐의 상태를 확인해야 합니다.

## ✎ 알고 가면 좋은 환전 팁~!

↳ 원화 ⇒ 달러 ⇒ 태국 바트로 이중 환전을 하는 것이 유리!
   태국 바트는 달러나 엔화처럼 시중은행에서 취급하는 곳이 많지 않습니다. 은행 방문 전 바트를 보유하고 있는지 확인할 필요가 있습니다. 바트화는 주요 통화들보다 우대율이 높지 않고, 달러로 환전을 하면 환율 우대도 받을 수 있으므로 달러로 환전하는 것을 추천합니다. 태국에서 달러를 바트로 환전할 때 낮은 단위의 돈은 환율이 높지 않기 때문에 100달러로 환전해가는 것이 좋습니다.

## ■ 필요할 때마다 조금씩 환전하자!

태국 바트를 너무 많이 환전하면 돈이 남는 경우가 많습니다. 한국으로 가져가서 환전하면 제값을 못 받으니 필요한 만큼만 환전합니다.

## ■ 위조지폐 구별법!

＊지폐를 불빛에 비춰보아 국왕의 워터마크가 나타나지 않는다면 위조지폐입니다.

## ■ 알고 가면 좋은 태국 바트의 특징!

### 1. 태국 화폐 단위는 "바트"

태국 바트는 ฿라고 표시하며 ISO 4217 (국제 표준화 기구가 정의한 통화코드)로는 THB라고 표시합니다.

동전 중에 가장 최소 단위로 25싸땅과 50싸땅이있으나 거스름돈 외에는 잘 사용되지 않습니다. 100싸땅 = 1바트의 가치를 갖습니다.

### 2. 라마 10세 와치라롱껀 국왕의 등극으로 화폐 도안이 바뀜

2016년 라마 9세 푸미폰 국왕이 서거하고, 그의 아들인 라마 10세 와치라롱껀 국왕이 등극하면서 라마 9세의 초상이 그려져있는 구권과 라마 10세의 초상이 그려진 신권이 같이 통용되고 있습니다.

### 3. 최신 화폐 앞면에는 라마 10세 국왕의 초상이, 뒷면에는 현 '짜끄리 왕조'의 역대 국왕의 초상이 그려져 있습니다.

20바트 ·····································

• 할 수 있는 것 : 물, 음료수 등…

50바트 ·····································

• 할 수 있는 것 : 길거리나 푸드코트의 쌀국수 등…

100바트 ·····································

• 할 수 있는 것 : 작은 기념품 등…

### 500바트

- 할 수 있는 것 : 레스토랑에서 1~2인 식사, 저렴한 게스트 하우스에서의 1박 등…

### 1,000바트

- 할 수 있는 것 : 레스토랑에서 2~3인 식사, 쇼핑 등…

### 1바트

- 할 수 있는 것 : 한화 약 35원의 가치로 단독으로 할 수 있는 것이 없음

### 2바트

- 할 수 있는 것 : 한화 약 70원의 가치로 단독으로 할 수 있는 것이 없음

### 5바트

- 할 수 있는 것 : 꼬치구이 노점상의 찹쌀밥 1봉지 등…

### 10바트

- 할 수 있는 것 : 편의점에서 500ml 생수, 과자 등…

신권

구권

# 짐 꾸리기

안전하고 즐거운 여행을 위해 꼭 필요한 짐과 불필요한 짐을 나눠 효율적으로 꾸리는 것이 좋습니다. 그런데 여행하는 곳이 국내가 아닌 해외라면 더 신경 써서 준비해야 할 것들이 많습니다.

## ■ 짐 싸기 노하우

- 수화물로 부칠 여행용 한 개, 휴대용 가방 한 개를 준비합니다.
- 무거운 짐은 아래쪽으로, 가벼운 짐은 위쪽으로 넣습니다.
- 옷은 찾기 쉽게 말아서 넣습니다.
- 비상약, 속옷, 화장품 등은 아이템 별로 주머니에 담습니다.
- 화장품은 샘플이나 미니사이즈를 활용합니다.
- 나라별로 콘센트를 확인하여 어댑터를 준비해야 합니다.

  - 태국은 우리나라와 같이 220v를 사용합니다. 우리나라 플러그 모양과 다르지만, 별도의 장치(어댑터) 없이도 사용 가능합니다.
  - 멀티탭을 챙겨가는 것이 좋습니다.

## ■ 수화물 준비 방법 및 유의 사항

- 다용도 칼, 과도, 가위, 골프채 등은 휴대 제한 품목으로 분류되어 기내로 반입할 수 없으므로, 부칠 짐에 넣습니다.
- 라이터, 부탄가스 등 폭발 가능성이 있는 물건은 운송 제한 품목으로 항공기 운송이 금지되어 있어 짐으로 부칠 수 없습니다.
- 파손되기 쉬운 물품이나 부패하기 쉬운 음식물, 악취 나는 물품 역시 부칠 수 없습니다.

## ■ 무료 수화물 허용량

여정, 좌석의 등급에 따라 짐의 크기 및 무게가 다르게 허용되므로 출발 전 조건에 맞는 무료 수화물 허용량을 확인하는 것이 좋습니다.

일반석의 경우 무게가 23kg 이내, 크기가 세 변의 합이 158cm 이내인 짐 한 개를 무료로 맡길 수 있고 이를 초과할 경우 금액을 지급해야 합니다.

※ 초과 무게 23~32kg 구간 10만 원 / 초과 무게 32~45kg 구간 20만 원

## ■ 기내 반입 가능한 수화물의 크기와 무게

일반석의 경우 크기가 55x40x20(cm) 또는 세 변의 합이 115cm 이하여야 하며, 무게는 12kg까지 가능합니다. 가방의 개수는 한 개 추가 허용이 가능합니다.

( 노트북 컴퓨터, 서류 가방, 핸드백 등 )

## ■ 여행 준비물 체크리스트

### 휴대용 가방

☐ 항공권           ☐ 여권 비자(복사본 준비)
☐ 환전한 돈         ☐ 호텔정보 or 패키지여행 일정
☐ 시계             ☐ 신용카드
☐ 선글라스          ☐ 선크림
☐ 필기구           ☐ 카메라
☐ 휴대 전화

### 캐리어(여행용 가방)

☐ 카메라 충전기      ☐ 휴대 전화 충전기
☐ 콘센트 어댑터      ☐ 비상약(두통약 해열제 감기약 모기약 등)
☐ 수영복           ☐ 양말
☐ 속옷             ☐ 트레이닝복 및 여벌 옷
☐ 슬리퍼 및 운동화    ☐ 우산
☐ 휴대용 화장품      ☐ 세면도구
☐ 여행용 화장품      ☐ 여행용 목욕용품

## ✎알고 가면 좋은 짐 꾸리기 팁~!

↳ 태국의 대형마트에는 다양한 물건이 구비되어 있으며, 전국 곳곳에 편의점도 많이 있습니다. 그래서 짐을 많이 챙겨가지 않아도 웬만한 물건은 현지에서 쉽게 구할 수 있습니다. 특히 편의점에는 작은 사이즈의 샴푸, 린스, 비누, 휴지, 물티슈 등 여행에 필요한 물건을 판매하고 있습니다.

태국은 여름(3월~5월), 우기(6월~10월), 겨울(11월~2월)의 3계절을 가지고 있습니다. 따라서 여행 갈 계절의 날씨를 체크해서 옷을 챙겨가는 것이 좋습니다.

# 출국절차

**■ 공항 도착**

항공기 출발 두 시간 전에 도착하는 것이 좋습니다.

**■ 탑승 수속**

항공기 출발 40분 전까지 탑승 수속을 마감해야 합니다. 여권과 탑승권을 제출하여 예약을 확인한 후 좌석을 지정받고 짐을 부칩니다.

**■ 출국 수속**

**세관 신고**     고가품 및 금지 품목 소지 여부를 신고하는 절차

**보안 검색대**    위험물 소지 여부를 검사하는 절차

**법무부**        출입국 자격을 심사

**■ 게이트 찾기**

**항공기 탑승**     출국 수속을 마치면 면세 구역에서 쇼핑을 할 수 있고 항공기 시간에 맞춰 게이트를 찾아가면 됩니다. 항공기 출발 30분 전에 탑승을 시작해서 출발 10분 전 마감합니다.

# 입국절차(현지)

### ■ 입국 수속

Emigration, ตรวจคนเข้าเมือง [뜨루-앗 콘 카오 므-앙]이 쓰여 있는 곳을 찾아갑니다.

＊입국 시 입국신고서와 출국신고서를 함께 작성합니다. 출국신고서는 출국 시 반드시 제출해야 하니 잃어버리지 않도록 유의합시다.

### ■ 짐 찾기

항공편 별로 짐을 찾아야 하는 곳을 전광판을 통해 알려주므로 잘 확인합니다.

### ■ 세관 신고

태국은 세관신고서 작성이 의무가 아니고 자율신고 형식을 취하고 있습니다. 간혹 무작위로 짐 검사를 요청받는 경우가 있으니 세관에 신고할 물품이 있다면 반드시 신고하도록 합시다.

## ❤️알고 가면 좋은 입국 절차 팁~!

└→ 태국은 대한민국 국민이라면 누구나 90일 동안 무비자로 체류 가능합니다. 무비자로 방문한다면 여권 잔여기간이 6개월 이상 남아있어야 합니다. 또한 상황에 따라 리턴 항공권 혹은 제3국 출국 항공권을 보여달라고 할 때가 있으니 미리 준비해 가면 입국 심사 통과에 용이합니다.

# 태국어 자음과 모음 T 여행_발음

■ 태국어 자음(44글자)

| | | | | | | | |
|---|---|---|---|---|---|---|---|
| ก | ข | ฃ | ค | ฅ | ฆ | ง | จ |
| 꺼-까이 | 커-카이 | 커-쿠-앗 | 커-콰-이 | 커-콘 | 커-라캉 | 응어-응우- | 쩌-짜-ㄴ |
| ฉ | ช | ซ | ฌ | ญ | ฎ | ฏ | ฐ |
| 처-칭 | 처-차-ㅇ | 써-쏘- | 처-츠ㅓ- | 여-잉 | 더-차다- | 떠-빠딱 | 터-타-ㄴ |
| ฑ | ฒ | ณ | ด | ต | ถ | ท | ธ |
| 터-몬토- | 터-<br>푸-타오 | 너-네-ㄴ | 더-덱 | 떠-따오 | 터-퉁 | 터-<br>타하-ㄴ | 터-통 |
| น | บ | ป | ผ | ฝ | พ | ฟ | ภ |
| 너-누- | 버-<br>바이마이 | 뻐-<br>쁠라- | 퍼-픙 | 풔-퐈-(f) | 퍼-파-ㄴ | 풔-퐌(f) | 퍼-쌈파오 |
| ม | ย | ร | ล | ว | ศ | ษ | ส |
| 머-마- | 여-약 | 러-르-아 | 러-링 | 워-왜-ㄴ | 써-<br>싸-ㄹ라- | 써-르-씨- | 써-쓰-아 |
| ห | ฬ | อ | ฮ | | | | |
| 허-히-ㅂ | 러-쭐라- | 어-아-ㅇ | 허-녹후-ㄱ | | | | |

☑ 세 번째와 다섯 번째 자음은 더이상 사용되지 않습니다.

■ 태국어 모음(32글자)

| 단모음 | 발음 | 장모음 | 발음 |
|---|---|---|---|
| ◌ะ | 아 | ◌า | 아- |
| ◌ิ | 이 | ◌ี | 이- |
| ◌ึ | 으 | ◌ือ | 으- |
| ◌ุ | 우 | ◌ู | 우- |
| เ◌ะ | 에 | เ◌ | 에- |
| แ◌ะ | 애 | แ◌ | 애- |
| โ◌ะ | 오 | โ◌ | 오- |
| เ◌าะ | 어 | ◌อ | 어- |
| ◌ัวะ | 우아 | ◌ัว | 우-아 |
| เ◌ียะ | 이아 | เ◌ีย | 이-아 |
| เ◌ือะ | 으아 | เ◌ือ | 으-아 |
| เ◌อะ | 으어 | เ◌อ | 으ㅓ- |
| ไ◌ | 아이 | ใ◌ | 아이 |
| เ◌า | 아오 | ◌ำ | 암 |
| ฤ | 르, 리, 르ㅓ(r) | ฦ | 르-(r) |
| ฤๅ | 르(l) | ฦๅ | 르-(l) |

43

# 태국 바로 알고 가기

## ★국명

타이왕국 (Kingdom of Thailand)

## ★수도

방콕(Bangkok)

## ★주요 도시

**북부 -** 치앙마이(Chiang mai)     **남부 -** 푸켓(Phuket)
**서부 -** 깐짜나부리(Kanchanabuti)     **동부 -** 파타야(Pattaya)
**동북부 -** 컨깬(Kon Kaen) 등

## ★인구

약 6,918만 명(2018년 통계청 기준)

## ★화폐

바트 (Baht), ฿, THB

## ★공용어

태국어

## ★주태국 대한민국 대사관 주소 및 연락처

**주소 -** Embassy of the Republic of Korea 23 Thiam-Ruammit Road, Ratchadapisek, Huai-Khwang, Bangkok 10310
**대사관 전화번호 -** (662) 247-7537~39
**영사과 전화번호 -** (662)247-7540 41 / (662)247-2805/ 2836 / 3225
**기업지원 담당관 -** (662)645-2147

※ 구내번호 : 여권(318), 비자(316), 공증(324), 사건 및 사고(102), 가족관계(332), 재외국민등록(329)

# 세계인이 사랑하는 태국 음식!

세계인의 사랑을 받는 태국 음식은 지역별로 또 음식 재료별로 다양한 맛과 향을 가지고 있습니다. 태국 음식은 한 가지 음식에 맵고, 시고, 달고, 짜고, 쓴 여러 가지 맛이 공존하는 경우가 많고 또한 향으로도 즐길 수 있는 강점을 가지고 있습니다. 조리법도 매우 발달해서 한 가지 재료로도 다양한 음식을 만들어 냅니다.

### ■ 태국의 대표 수프, 똠얌꿍 (ต้มยำกุ้ง)

'똠얌꿍'은 똠얌 수프 중에서 새우를 넣어 만든 수프입니다. 똠얌 수프는 맵고, 시고, 달고, 짠맛과 향신료의 향을 동시에 느낄 수 있는 특징을 가지고 있습니다. 태국식 고추장과 코코넛 밀크를 넣은 '남 콘(น้ำข้น)'과 맑고 투명한 '남 싸이(น้ำใส)'가 있습니다.

### ■ 태국의 대표 볶음국수, 팟타이 (ผัดไทย)

'팟타이'는 타마린드 소스와 어간장을 넣고 볶아 먹는 태국의 대표 국수 요리입니다. 마지막에 땅콩 가루와 고춧가루, 설탕, 어간장 등을 자신의 기호에 맞게 첨가하면 더욱더 맛있는 팟타이를 즐길 수 있습니다.

### ■ 태국의 대표 커리, 팟퐁까리 (ผัดผงกะหรี่)

'팟퐁까리'는 커리 요리로, '뿌 팟퐁까리(ปูผัดผงกะหรี่)'는 게 혹은 게살을 커리 가루에 볶은 요리입니다. 향신료를 많이 첨가하지 않기 때문에 한국인의 입맛에도 잘 맞습니다. 특히 태국에서는 막 껍질을 탈피한 부드러운 게를 통째로 사용하는 경우가 있는데 껍질째 먹어도 부드러워 남녀노소 즐겨 먹습니다.

### ■ 태국의 대표 커피, 오리앙 (โอเลี้ยง)

'오리앙'은 진한 태국식 커피에 설탕을 넣어 달게 만든 음료로 여행하다 더위에 지쳤을 때 마시기 적합합니다. 노점상의 커피숍에서는 가격이 15~20바트(한화 약 600원) 정도의 착한 가격이니 더위에 지쳤을 때 오리앙 한잔하며 여유를 갖는 것이 어떨까요?

# 반드시 알고 있어야 할 필수 회화 표현

태국어는 자신이 남성이라면 문장 맨 끝에 크랍(크랍: 대답, 평서문, 의문문 모두 사용)을
자신이 여성이라면 문장 맨 끝에 카(카: 대답, 평서문) 혹은 카(카: 의문문)를 붙입니다.

### 기본적인 인사하기

안녕하세요. (만났을 때 / 헤어질 때)  สวัสดีครับ/ค่ะ [싸왓디- 크랍 / 카]

또 만나요.  พบกันใหม่ครับ/ค่ะ [폽 깐 마이 크랍 / 카]

### 만나서 반갑습니다.

만나서 반갑습니다.  ยินดีที่ได้รู้จักครับ/ค่ะ [인디- 티- 다이 루- 짝 크랍 / 카]

저도 마찬가지에요.  เช่นเดียวกันครับ/ค่ะ [첸 디-아우 깐 크랍 / 카]

### 통성명하기

이름이 뭐예요?  คุณชื่ออะไรครับ/คะ [쿤 츠- 아라이 크랍 / 카]

제 이름은 영호에요.(남성)  ผมชื่อยงโฮครับ [폼 츠- 여-ㅇ 호- 크랍]

제 이름은 영미에요.(여성)  ดิฉันชื่อยงมีค่ะ [디찬 츠- 여-ㅇ 미- 카]

### 알아두면 좋은 표현들

행운을 빌어요.  โชคดีครับ/ค่ะ [초-ㄱ 디- 크랍 / 카]

저는 한국인입니다.(남성)  ผมเป็นคนเกาหลีครับ [폼 뻰 콘 까올리- 크랍]

저는 한국인입니다.(여성)  ดิฉันเป็นคนเกาหลีค่ะ [디찬 뻰 콘 까올리- 카]

감사해요.  ขอบคุณครับ/ค่ะ [커-ㅂ쿤 크랍 / 카]

천만에요.  ยินดีครับ/ค่ะ [인디- 크랍 / 카]

미안해요, 실례해요.  ขอโทษครับ/ค่ะ [커-토-ㅅ 크랍 / 카]

괜찮아요.  ไม่เป็นไรครับ/ค่ะ [마이 뻰 라이 크랍 / 카]

잠깐만 기다려요.  รอสักครู่ครับ/ค่ะ. [러- 싹 크루- 크랍 / 카]

네. / 아니요.  ครับ/ค่ะ [크랍 / 카] / ไม่ครับ/ไม่ค่ะ [마이 크랍 / 마이 카]

다시 한번 말해주세요.  กรุณาพูดอีกครั้งครับ/ค่ะ [까루나- 푸-ㅅ 이-ㄱ 크랑 크랍 / 카]

천천히 말해주세요.  กรุณาพูดช้า ๆ ครับ/ค่ะ [까루나- 푸-ㅅ 차 차- 크랍 / 카]

# "숫자"를 알면 물건을 쉽게 살 수 있다!

☑ 태국어 숫자 표현법

| 1 | 2 | 3 | 4 | 5 |
|---|---|---|---|---|
| หนึ่ง | สอง | สาม | สี่ | ห้า |
| [능] | [써-ㅇ] | [싸-ㅁ] | [씨-] | [하-] |

| 6 | 7 | 8 | 9 | 10 |
|---|---|---|---|---|
| หก | เจ็ด | แปด | เก้า | สิบ |
| [혹] | [쩻] | [빼-ㅅ] | [까오] | [씹] |

---

**TIP !**

1부터 10까지 알았으면 11부터 99까지는 숫자를 조합해서 읽으면 됩니다.

단, 다음의 숫자들은 예외이므로 알아 둡시다.

• 11 สิบเอ็ด (일의 자리를 เอ็ด [엣]으로 사용합니다.) *21, 31, 41…도 마찬가지입니다.

• 20 ยี่สิบ (십의 자리를 [이-]로 사용합니다.) *21, 22, 23… 도 마찬가지입니다.

• 0은 ศูนย์ [쑤-ㄴ]으로 읽습니다.

---

| 100 | 200 | 300 |
|---|---|---|
| หนึ่งร้อย | สองร้อย | สามร้อย |
| [능 러-이] | [써-ㅇ 러-이] | [싸-ㅁ 러-이] |

| 400 | 500 | 600 |
|---|---|---|
| สี่ร้อย | ห้าร้อย | หกร้อย |
| [씨- 러-이] | [하- 러-이] | [혹 러-이] |

| 700 | 800 | 900 |
|---|---|---|
| เจ็ดร้อย | แปดร้อย | เก้าร้อย |
| [쩻 러-이] | [빼-ㅅ 러-이] | [까오 러-이] |

| 1.000<br>**หนึ่งพัน**<br>[능 판] | 10.000<br>**หนึ่งหมื่น**<br>[능 므-ㄴ] |
|---|---|
| 100.000<br>**หนึ่งแสน**<br>[능 쌔-ㄴ] | 1.000.000<br>**หนึ่งล้าน**<br>[능 라-ㄴ] |

| 10.000.000<br>**สิบล้าน**<br>[씹 라-ㄴ] |
|---|

---

주의 !

• 각 단위 앞에 1이 올 경우 1을 생략하거나, 위치를 바꿀 수 있습니다.

100 **หนึ่งร้อย** = [능 러-이] = [러-이] = [러-이 능]

---

## 태국의 "날짜 표기"

우리나라와 반대로 작은 단위에서 큰 단위로 표기합니다.
문서, 티켓 등 날짜를 확인할 때 헷갈리지 마세요!

### วันจันทร์ที่ 6 เดือนพฤษภาคม พ.ศ. 2562

[완 짠 티- 혹  드-안 프르싸파-콤  퍼-써- 써-ㅇ 판 하- 러-이 혹 씹 써-ㅇ]

월요일, 6일, 5월, 불력 2562년

\*태국은 불력을 씁니다. 불력은 서력보다 543년이 빠릅니다.
 불력으로 쓰여있다면 -543을 하면 서력이 됩니다.

| | | | | | | |
|---|---|---|---|---|---|---|
| 일요일 | วันอาทิตย์ | [완 아-팃] | | 목요일 | วันพฤหัส(บดี) | [완 파르핫(싸버-디-)] |
| 월요일 | วันจันทร์ | [완 짠] | | 금요일 | วันศุกร์ | [완 쑥] |
| 화요일 | วันอังคาร | [완 앙카-ㄴ] | | 토요일 | วันเสาร์ | [완 싸오] |
| 수요일 | วันพุธ | [완 풋] | | | | |

ᵼ 월 읽기

| | | | | | | |
|---|---|---|---|---|---|---|
| 1월 | มกราคม | [목까라-콤] | | 7월 | กรกฎาคม | [까라까다-콤] |
| 2월 | กุมภาพันธ์ | [꿈파-판] | | 8월 | สิงหาคม | [씽하-콤] |
| 3월 | มีนาคม | [미-나-콤] | | 9월 | กันยายน | [깐야-욘] |
| 4월 | เมษายน | [메-싸-욘] | | 10월 | ตุลาคม | [뚤라-콤] |
| 5월 | พฤษภาคม | [프르싸파-콤] | | 11월 | พฤศจิกายน | [프르싸찌까-욘] |
| 6월 | มิถุนายน | [미투나-욘] | | 12월 | ธันวาคม | [탄와-콤] |

## "인칭대명사"는 꼭 알고 가자!

태국어에서는 남성과 여성의 1인칭 대명사가 다르므로 구분하여 사용해야 합니다.

| 나 / 저 = I | **ผม** [폼] 남성의 1인칭 대명사 |
|---|---|
| | **ดิฉัน** [디찬] 여성의 1인칭 대명사 |

• 남성과 여성의 인칭 대명사가 구별되어 있지만, 변화를 줄 필요가 없으므로 내가 남성이라면 ผม [폼]만, 내가 여성이라면 ดิฉัน [디찬]이라고만 말하면 됩니다.

| | **คุณ** [쿤] 당신, ~씨 |
|---|---|
| 당신 = you | **พี่** [피-] 나이 혹은 사회적 지위가 높은 사람 |
| | **น้อง** [너-ㅇ] 나이 혹은 사회적 지위가 낮은 사람 |

• 이외에도 태국어의 인칭 대명사는 매우 다양합니다. 그러나 위의 다섯 가지 인칭 대명사만 알고 있으면 여행이 어렵지 않을 것입니다.

# PART 01

# 기내에서

# 기내에서

많은 단어를 알 필요 없다
왜? 말할 게 뻔하니까!

**T 01-01**

| 01 | 이것 | 니- / อันนี้ [니- / 안 니-] |
|---|---|---|
| 02 | 좌석 | ที่นั่ง [티- 낭] |
| 03 | 안전벨트 | เข็มขัดนิรภัย [켐캇 니라파이] |
| 04 | 화장실 | ห้องน้ำ [허-ㅇ 나-ㅁ] |
| 05 | 변기 | โถส้วม [토- 쑤-암] |
| 06 | 스크린 | หน้าจอ [나- 쩌-] |
| 07 | 불 | ไฟ [퐈이] |
| 08 | 냅킨 | กระดาษเช็ดปาก [끄라다-ㅅ 쳇 빠-ㄱ] |
| 09 | 담요 | ผ้าห่ม [파- 홈] |
| 10 | 안대 | ผ้าปิดตา [파- 삣 따-] |
| 11 | 베개 | หมอน [머-ㄴ] |

| 12 | 슬리퍼 | 롱เท้าสลิปเปอร์<br>[러-ㅇ타오 싸립쁘ㅓ-] |
|---|---|---|
| 13 | 헤드폰 | หูฟัง<br>[후- 퐝] |
| 14 | 리모컨 | รีโมท<br>[리-모-ㅅ] |
| 15 | 신문 | หนังสือพิมพ์<br>[낭쓰-핌] |
| 16 | 마실 것 | เครื่องดื่ม<br>[크르-앙 드-ㅁ] |
| 17 | 간식거리 | ของว่าง<br>[커-ㅇ 와-ㅇ] |
| 18 | 식사 | อาหาร<br>[아-하-ㄴ] |
| 19 | 펜 | ปากกา<br>[빠-ㄱ까-] |
| 20 | 입국신고서 | บัตรขาเข้า<br>[밧 카- 카오] |
| 21 | 세관신고서 | ใบแจ้งศุลกากร<br>[바이 째-ㅇ 쑨라까-꺼-ㄴ] |
| 22 | 면세품 | สินค้าปลอดภาษี<br>[씬카- 쁠러-ㅅ 파-씨-] |

# 빨리 찾아

## 01 이것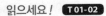

นี่ / อันนี้
[นี่- / อัน นี่-]

· 이것은 무엇인가요?

นี่คืออะไรครับ/คะ
[นี่- คือ- อะไร ครับ/คะ]

· 이것을 가져다주세요.

ช่วยเอาอันนี้มา
ให้หน่อยครับ/ค่ะ
[ช่วย-เอา อาว อัน นี่- มา-
ให้-หน่อย ครับ/คะ]

· 이것은 작동이 안 돼요.

อันนี้ไม่ทำงานครับ/ค่ะ
[อัน นี่- ไม่ ทำ งาน ครับ/คะ]

· 이것을 바꿔주세요.

ช่วยเปลี่ยนอันนี้ให้หน่อยครับ/ค่ะ
[ช่วย-เอา เปลี่ยน อัน นี่- ให้ หน่อย ครับ/คะ]

## 02 좌석

ที่นั่ง
[ที่- นั่ง]

· 여기가 당신 자리인가요?

ที่นี่ที่นั่งของคุณหรือครับ/คะ
[ที่- นี่- ที่- นั่ง ของ คุณ หรือ ครับ/คะ]

· 제 자리예요.

ที่นี่ที่นั่งของผมครับ/ดิฉันค่ะ
[ที่- นี่- ที่- นั่ง ของ ผม ครับ/ดิฉัน คะ]

· 제 자리는 어디인가요?

ที่นั่งของผม/ดิฉันอยู่ที่ไหนครับ/คะ
[티- 낭 커-ㅇ 폼/디찬 유- 티- 나이 크랍/카]

## 03 안전벨트 🪑

เข็มขัดนิรภัย
[켐캇 니라파이]

· 안전벨트를 매세요.

กรุณาคาดเข็มขัดนิรภัย
[까루나- 카-ㅅ 켐캇 니라파이]

· 제 안전벨트가 헐렁해요.

เข็มขัดนิรภัยของผม/ดิฉัน
หลวมครับ/ค่ะ
[켐캇 니라파이 커-ㅇ 폼/디찬 루-암 크랍/카]

· 제 안전벨트가 너무
타이트해요.

เข็มขัดนิรภัยของผม/ดิฉัน
แน่นเกินไปครับ/ค่ะ
[켐캇 니라파이 커-ㅇ 폼/디찬
낸 끄ㅓ-ㄴ 빠이 크랍/카]

## 04 화장실 🚻

ห้องน้ำ
[허-ㅇ 나-ㅁ]

· 누가 화장실에 있나요?

มีคนอยู่ในห้องน้ำไหมครับ/คะ
[미- 콘 유- 나이 허-ㅇ 나-ㅁ 마이 크랍/카]

· 화장실이 더러워요.

ห้องน้ำสกปรกครับ/ค่ะ
[허-ㅇ 나-ㅁ 쏙까쁘록 크랍/카]

## 05 변기 🚽

โถส้วม
[토- 쑤-암]

· 변기에 물이 안 나와요.

โถส้วมน้ำไม่ไหลครับ/ค่ะ
[토- 쑤-암 나-ㅁ 마이 라이 크랍/카]

· 변기가 막혔어요.

โถส้วมตันครับ/ค่ะ
[토- 쑤-암 딴 크랍/카]

## 06 스크린 📱

หน้าจอ
[나- 쩌-]

· 화면이 안 나와요.

หน้าจอไม่ติดครับ/ค่ะ
[나- 쩌- 마이 띳 크랍/카]

· 화면이 멈췄어요.

หน้าจอหยุดทำงานครับ/ค่ะ
[나- 쩌- 윳 탐 응아-ㄴ 크랍/카]

· 화면이 너무 밝아요.

หน้าจอสว่างเกินไปครับ/ค่ะ
[나- 쩌- 싸와-ㅇ 끄ㅓ-ㄴ 빠이 크랍/카]

## 07 불 💡

ไฟ
[퐈이]

· 불은 어떻게 켜나요?

เปิดไฟอย่างไรครับ/คะ
[쁘ㅓ-ㅅ 퐈이 야-ㅇ라이 크랍/카]

· 불 좀 꺼주세요.

ช่วยปิดไฟให้หน่อยครับ/ค่ะ
[추-아이 삣 퐈이 하이 너-이 크랍/카]

## 08 냅킨

กระดาษเช็ดปาก
[끄라다ㅅ 쳇 빠-ㄱ]

· 냅킨 좀 주세요.

ขอกระดาษเช็ดปากหน่อยครับ/ค่ะ
[커- 끄라다ㅅ 쳇 빠-ㄱ 너-이 크랍/카]

· 물티슈 좀 주세요.

ขอทิชชู่เปียกหน่อยครับ/ค่ะ
[커- 팃추- 삐-악 너-이 크랍/카]

## 09 담요

ผ้าห่ม
[파- 홈]

· 담요 좀 가져다주세요.

ขอผ้าห่มหน่อยครับ/ค่ะ
[커- 파- 홈 너-이 크랍/카]

· 담요를 하나만 더 주세요.

ขอผ้าห่มอีกผืนหนึ่งครับ/ค่ะ
[커- 파- 홈 이-ㄱ 프-ㄴ 능 크랍/카]

## 10 안대

ผ้าปิดตา
[파- 삣 따-]

· 안대 있나요?

มีผ้าปิดตาไหมครับ/คะ
[미- 파- 삣 따- 마이 크랍/카]

· 이 안대는 불편해요.

ผ้าปิดตานี้ใส่ไม่สบายครับ/ค่ะ
[파- 삣 따- 니- 싸이 마이 싸바-이 크랍/카]

## 11 베개

หมอน
[머-ㄴ]

· 베개가 있나요?

มีหมอนไหมครับ/คะ
[미- 머-ㄴ 마이 크랍/카]

· 이 베개는 불편해요.

หมอนใบนี้หนุนไม่สบายครับ/ค่ะ
[머-ㄴ 바이 니- 눈 마이 싸바-이 크랍/카]

## 12 슬리퍼

รองเท้าสลิปเปอร์
[러-ㅇ타오 싸립쁘ㅓ-]

· 슬리퍼가 있나요?

มีรองเท้าสลิปเปอร์ไหมครับ/คะ
[미- 러-ㅇ 타오 싸립쁘ㅓ- 마이 크랍/카]

· 이 슬리퍼는 불편해요.

รองเท้าสลิปเปอร์คู่นี้ใส่ไม่สบาย
ครับ/ค่ะ
[러-ㅇ 타오 싸립쁘ㅓ- 쿠- 니- 싸이 마이 싸바-이
크랍/카]

## 13 헤드폰

หูฟัง
[후- 퐝]

· 헤드폰을 주세요.

ขอหูฟังหน่อยครับ/ค่ะ
[커- 후- 퐝 너-이 크랍/카]

· 헤드폰이 잘 안 돼요.

หูฟังคู่นี้ไม่ค่อยดีครับ/ค่ะ
[후- 퐝 쿠- 니- 마이 커-이 디- 크랍/카]

· 헤드폰은 어디에 꽂나요?

เสียบหูฟังที่ไหนครับ/คะ
[씨-압 후- 퐝 티- 나이 크랍/카]

## 14 리모컨 📱

รีโมท
[리-모-ㅅ]

· 리모컨을 주세요.

ขอรีโมทหน่อยครับ/ค่ะ
[커- 리-모-ㅅ 너-이 크랍/카]

· 리모컨이 안 돼요.

รีโมทไม่ทำงานครับ/ค่ะ
[리-모-ㅅ 마이 탐 응아-ㄴ 크랍/카]

· 리모컨을 바꿔 주세요.

ช่วยเปลี่ยนรีโมทให้หน่อยครับ/ค่ะ
[추-아이 쁠리-안 리-모-ㅅ 하이 너-이 크랍/카]

## 15 신문 📰

หนังสือพิมพ์
[낭쓰-핌]

· 한국 신문이 있나요?

มีหนังสือพิมพ์เกาหลีไหมครับ/คะ
[미- 낭쓰-핌 까올리- 마이 크랍/카]

· 스포츠 신문이 있나요?

มีหนังสือพิมพ์กีฬาไหมครับ/คะ
[미- 낭쓰-핌 끼-ㄹ라- 마이 크랍/카]

· 신문을 주세요.

ขอหนังสือพิมพ์หน่อยครับ/ค่ะ
[커- 낭쓰-핌 너-이 크랍/카]

· 신문을 종류별로 모두 주세요.

ขอหนังสือพิมพ์ทุกชนิดครับ/ค่ะ
[커- 낭쓰-핌 툭 차닛 크랍/카]

# 16 마실 것 🥤

เครื่องดื่ม
[크르-앙 드-ㅁ]

· 마실 것을 주세요.
ขอเครื่องดื่มครับ/ค่ะ
[커- 크르-앙 드-ㅁ 크랍/카]

· 물을 주세요.
ขอน้ำเปล่าครับ/ค่ะ
[커- 남 쁠라오 크랍/카]

· 뜨거운 물을 주세요.
ขอน้ำร้อนครับ/ค่ะ
[커- 남 러-ㄴ 크랍/카]

· 차가운 물을 주세요.
ขอน้ำเย็นครับ/ค่ะ
[커- 남 옌 크랍/카]

· 오렌지 주스를 주세요.
ขอน้ำส้มครับ/ค่ะ
[커- 남 쏨 크랍/카]

· 콜라를 주세요.
ขอโค้กครับ/ค่ะ
[커- 코-ㄱ 크랍/카]

· 사이다를 주세요.
ขอสไปรท์ครับ/ค่ะ
[커- 싸쁘라이 크랍/카]

· 커피를 주세요.
ขอกาแฟครับ/ค่ะ
[커- 까-풰- 크랍/카]

· 맥주를 주세요.
ขอเบียร์ครับ/ค่ะ
[커- 비-아 크랍/카]

· 와인을 주세요.
ขอไวน์ครับ/ค่ะ
[커- 와이 크랍/카]

## 17 간식거리

ของว่าง
[커-ㅇ 와-ㅇ]

· 간식거리가 있나요?

มีของว่างไหมครับ/คะ
[미- 커-ㅇ 와-ㅇ 마이 크랍/카]

· 땅콩 주세요.

ขอถั่วลิสงหน่อยครับ/ค่ะ
[커- 투-아 리쏭 너-이 크랍/카]

· 쿠키 주세요.

ขอคุกกี้หน่อยครับ/ค่ะ
[커- 쿡끼- 너-이 크랍/카]

· 쿠키 더 주세요.

ขอคุกกี้เพิ่มหน่อยครับ/ค่ะ
[커- 쿡끼- 프ㅓ-ㅁ 너-이 크랍/카]

## 18 식사

อาหาร
[아-하-ㄴ]

· 식사 시간이 언제인가요?

ทานอาหารกี่โมงครับ/คะ
[타-ㄴ 아-하-ㄴ 끼- 모-ㅇ 크랍/카]

· 오늘 메뉴가 무엇인가요?

เมนูของวันนี้คืออะไรครับ/คะ
[메-누- 커-ㅇ 완 니- 크- 아라이 크랍/카]

· 식사를 나중에 하고 싶어요.

อยากทานอาหารทีหลังครับ/ค่ะ
[야-ㄱ 타-ㄴ 아-하-ㄴ 티- 랑 크랍/카]

· 음식 남은 것이 있나요?

มีอาหารที่เหลือไหมครับ/คะ
[미- 아-하-ㄴ 티- 르-아 마이 크랍/카]

## 19 펜 ✒

ปากกา
[빠-ˇㄱ까-]

· 펜 좀 빌려주세요.

ขอยืมปากกาหน่อยครับ/ค่ะ
[커- 이음 빠-ˇㄱ까- 너ˋ이 크랍/카ˋ]

· 이 펜이 안 나와요.

ปากกาแท่งนี้เขียนไม่ออกครับ/ค่ะ
[빠-ˇㄱ까- 탱 니ˊ 키ˇ안 마ˋ이 어-ㄱ 크랍/카ˋ]


## 20 입국 신고서 📧

บัตรขาเข้า
[밧 카ˇ 카ˆ오]

· 입국 신고서 작성하는 것을
  도와주세요.

ช่วยผม/ดิฉันกรอก
บัตรขาเข้าหน่อยครับ/ค่ะ
[추ˋ아이 폼ˇ/디ˋ찬 끄러-ㄱ
밧 카ˇ 카ˆ오 너ˋ이 크랍/카ˋ]

· 입국 신고서 한 장만 더
  주세요.

ขอบัตรขาเข้าอีกใบหนึ่งครับ/ค่ะ
[커- 밧 카ˇ 카ˆ오 이-ㄱ 바이 능 크랍/카ˋ]


## 21 세관 신고서 📄

ใบแจ้งศุลกากร
[바 째ˆ-ㅇ 쑨라까-꺼-ㄴ]

· 세관 신고서 작성하는 것을
  도와주세요.

ช่วยผม/ดิฉันกรอก
ใบแจ้งศุลกากรหน่อยครับ/ค่ะ
[추ˋ아이 폼ˇ/디ˋ찬 끄러-ㄱ
바이 째ˆ-ㅇ 쑨라까-꺼-ㄴ 너ˋ이 크랍/카ˋ]

| | |
|---|---|
| · 세관 신고서 한 장만 더 주세요. | ขอใบแจ้งศุลกากรอีกใบหนึ่งครับ/ค่ะ<br>[커- 바이 째-ㅇ 쑨라까-꺼-ㄴ 이-ㄱ 바이 능 크랍/카] |

## 22 면세품

สินค้าปลอดภาษี<br>[씬카- 쁠러-ㅅ 파-씨-]

---

· 면세품을 보여주세요.

ขอดูสินค้าปลอดภาษีหน่อยครับ/ค่ะ<br>[커- 두- 씬카- 쁠러-ㅅ 파-씨- 너-이 크랍/카]

· 신용카드가 되나요?

จ่ายบัตรเครดิตได้ไหมครับ/คะ<br>[짜-이 밧 크레-딧 다이 마이 크랍/카]

· 원화가 되나요?

จ่ายเงินวอนได้ไหมครับ/คะ<br>[짜-이 응읜 워-ㄴ 다이 마이 크랍/카]

### 태국 더 알기!  태국 국적기

태국의 국적기는 우리나라에 타이 항공으로 잘 알려진 'Thai Airline'이 있으며, 태국의 국영 항공사라는 이름에 걸맞는 편안하고 안전한 서비스를 제공하고 있습니다. 타이 항공은 스타 얼라이언스(Star Alliance)의 창단 항공사 중 하나로, 우리나라의 아시아나 항공과 마일리지를 함께 적립하여 사용할 수 있다는 점이 이점입니다. 1983년 홍콩을 경유하는 서울 - 방콕 노선을 처음 개항하였고, 1990년부터 서울 - 방콕 직항 노선 운항을 시작하였습니다.

# 위급상황

| 01 | 두통 | ปวดหัว<br>[쁘-앗 후-아] |
| 02 | 복통 | ปวดท้อง<br>[쁘-앗 터-ㅇ] |
| 03 | 어지럽다 | เวียนหัว<br>[위-안 후-아] |
| 04 | 춥다 | หนาว<br>[나-우] |
| 05 | 아프다 | ปวด<br>[쁘-앗] |
| 06 | 비행기 멀미 나다 | เมาเครื่องบิน<br>[마오 크르-앙 빈] |

# 빨리 찾아

말하면 OK! T 01-04

- 두통이 있는 것 같아요.

  รู้สึกปวดหัวครับ/ค่ะ
  [루-쓱 뿌-앗 후-아 크랍/카]

- 두통약 좀 주세요.

  ขอยาแก้ปวดหัวครับ/ค่ะ
  [커- 야- 깨- 뿌-앗 후-아 크랍/카]

- 복통이 있는 것 같아요.

  รู้สึกปวดท้องครับ/ค่ะ
  [루-쓱 뿌-앗 터-o 크랍/카]

- 복통약 좀 주세요.

  ขอยาแก้ปวดท้องครับ/ค่ะ
  [커- 야- 깨- 뿌-앗 터-o 크랍/카]

- 조금 어지러워요.

  เวียนหัวนิดหน่อยครับ/ค่ะ
  [위-안 후-아 닛 너-이 크랍/카]

- 조금 추운 것 같아요.

  รู้สึกหนาวนิดหน่อยครับ/ค่ะ
  [루-쓱 나우 닛 너-이 크랍/카]

- 비행기 멀미 나요.

  เมาเครื่องบินครับ/ค่ะ
  [마오 크르-앙 빈 크랍/카]

> 외국에서 아플 때는
> 꼭 약국이나 병원을 찾으세요!

아으으으···

ต้องการอะไร
ไหมคะ

필요한 게
있으신가요?

ดิฉันปวดท้อง
ขอยาแก้ปวด
ได้ไหมคะ

배가 아픈데, 약 좀 주시겠어요?

อึ๊ย

조금 출출한데···
컵라면 먹을까?

ขอมาม่าคัพค่ะ

컵라면 주세요.

## 망설이지 말자!
อย่าลังเลเลย

비행기 멀미가 나요.
**เมาเครื่องบินค่ะ**
[마오 크르-앙 빈 카]

자리를 바꾸고 싶어요.
**อยากเปลี่ยนที่นั่งค่ะ**
[야-ㄱ 쁠리-안 티- 낭 카]

# PART 02

# 공항에서

# 공항에서

많은 단어를 알 필요 없다
왜? 말할 게 뻔하니까!

**T 02-01**

| 01 | 게이트 | ประตู<br>[쁘라뚜-] |
| 02 | 경유하다 | ทรานเฟอร์<br>[트라-ㄴ풔-] |
| 03 | 탑승하다 | ขึ้นเครื่อง<br>[큰 크르-앙] |
| 04 | 연착하다 | เที่ยวบินล่าช้า<br>[티-아우 빈 라- 차-] |
| 05 | 다음 비행 편 | เที่ยวบินถัดไป<br>[티-아우 빈 탓 빠이] |
| 06 | 대기하다 | นั่งรอ<br>[낭 러-] |
| 07 | 대기장소 | จุดนั่งรอ<br>[쭛 낭 러-] |
| 08 | 레스토랑 | ร้านอาหาร<br>[라-ㄴ 아-하-ㄴ] |
| 09 | 면세점 | ร้านปลอดภาษี<br>[라-ㄴ 쁠러-ㅅ 파-씨-] |
| 10 | 출입국 관리소 | สำนักงานตรวจคนเข้าเมือง(ต.ม.)<br>[쌈낙응아-ㄴ 뜨루-앗 콘 카오 므-앙(떠- 머-)] |
| 11 | 지문 | ลายนิ้วมือ<br>[라-이 니우 므-] |

| | | |
|---|---|---|
| 12 | 외국인 | ชาวต่างชาติ<br>[차-우 따-ㅇ 차-ㅅ] |
| 13 | 통역사 | ล่าม<br>[라-ㅁ] |
| 14 | 왕복 티켓 | ตั๋วไปกลับ<br>[뚜-아 빠이 끌랍] |
| 15 | 여기 ○○때문에 왔어요 | มาที่นี่เพื่อ ○○<br>[마- 티- 니- 프-아 ○○] |
| 16 | ○○에 묵을 거예요 | จะพักที่ ○○<br>[짜 팍 티- ○○] |
| 17 | ○○ 동안 있을 거예요 | จะอยู่ ○○<br>[짜 유- ○○] |
| 18 | 수화물 찾는 곳 | จุดรับสัมภาระ<br>[쭛 랍 쌈파-라] |
| 19 | 카트 | รถเข็น<br>[롯 켄] |
| 20 | ○○은 제거예요 | ○○ คือของผม/ดิฉัน<br>[○○ 크- 커-ㅇ 폼/디찬] |
| 21 | 분실하다 | ทำหาย<br>[탐 하-이] |
| 22 | 세관 신고하다 | แจ้งศุลกากร<br>[째-ㅇ 쑨라까-꺼-ㄴ] |

# 공항에서

많은 단어를 알 필요 없다
왜? 말할 게 뻔하니까 !

# 빨리찾아

읽으세요! **T 02-02**

## 01 게이트

ประตู
[쁘라뚜-]

· 게이트를 못 찾겠어요.

หาประตูไม่เจอครับ/ค่ะ
[하- 쁘라뚜- 마이 쯔ㅓ- 크랍/카]

· 50번 게이트는 어디에 있나요?

ประตูที่ 50 อยู่ที่ไหนครับ/คะ
[쁘라뚜- 티- 하-씹 유- 티- 나이 크랍/카]

## 02 경유하다

ทรานเฟอร์
[트라-ㄴ풔-]

· 저는 경유 승객입니다.

ผม/ดิฉันเป็นผู้โดยสารทรานเฟอร์
ครับ/ค่ะ
[폼/디찬 쁜 푸- 도-이 싸-ㄴ 트라-ㄴ풔- 크랍/카]

· 어디에서 경유하나요?

ทรานเฟอร์ได้ที่ไหนครับ/คะ
[트라-ㄴ풔- 다이 티- 나이 크랍/카]

## 03 탑승하다

ขึ้นเครื่อง
[큰 크르-앙]

· 탑승은 언제 하나요?

จะให้ขึ้นเครื่องเมื่อไรครับ/คะ
[짜 하이 큰 크르-앙 므-아라이 크랍/카]

· 얼마나 기다려야 하나요?

ต้องรออีกนานเท่าไรครับ/คะ
[떠-ㅇ 러- 이-ㄱ 나-ㄴ 타오라이 크랍/카]

## 04 연착하다 🕐

เที่ยวบินล่าช้า
[티-아우 빈 라- 차-]

· 무슨 일로 연착이 됐나요?

เที่ยวบินล่าช้าเพราะอะไรครับ/คะ
[티-아우 빈 라- 차- 프러 아라이 크랍/카]

· 언제까지 기다려야 하나요?

ต้องรอจนถึงเมื่อไรครับ/คะ
[떠-ㅇ 러- 쫀틍 므-아라이 크랍/카]

## 05 다음 비행 편

เที่ยวบินถัดไป
[티-아우 빈 탓 빠이]

· 다음 비행기는 언제인가요?

เที่ยวบินถัดไปจะมีเมื่อไรครับ/คะ
[티-아우 빈 탓 빠이 짜 미- 므-아라이 크랍/카]

· 다음 비행기 편은 어떤 항공사인가요?

เที่ยวบินถัดไปเป็นของสายการบินอะไรครับ/คะ
[티-아우 빈 탓 빠이 뻰 커-ㅇ 싸-이 까-ㄴ 빈 아라이 크랍/카]

· 다음 비행기 편은 얼마인가요?

เที่ยวบินถัดไปราคาเท่าไรครับ/คะ
[티-아우 빈 탓 빠이 라-카- 타오라이 크랍/카]

## 06 대기하다 👥

นั่งรอ
[낭 러-]

· 얼마나 대기해야 하나요?

ต้องนั่งรออีกนานเท่าไรครับ/คะ
[떠-ㅇ 낭 러- 이-ㄱ 나-ㄴ 타오라이 크랍/카]

· 어디에서 대기해야 하나요?
จะให้นั่งรอที่ไหนครับ/คะ
[짜 하이 낭 러- 티- 나이 크랍/카]

## 07 대기 장소 🍽🏃

จุดนั่งรอ
[쫏 낭 러-]

· 대기 장소는 어디인가요?
จุดนั่งรออยู่ที่ไหนครับ/คะ
[쫏 낭 러- 유- 티- 나이 크랍/카]

· 인터넷을 할 수 있는 곳은
어디인가요?
มีที่ให้เล่นอินเตอร์เน็ตไหมครับ/คะ
[미- 티- 하이 렌 인뜨ㅓ-넷 마이 크랍/카]

· 비즈니스 라운지는
어디인가요?
บิสสิเนส เลาจน์ อยู่ที่ไหนครับ/คะ
[빗씨네-ㅅ 라오 유- 티- 나이 크랍/카]

## 08 레스토랑 🍽🍽

ร้านอาหาร
[라-ㄴ 아-하-ㄴ]

· 레스토랑이 있나요?
มีร้านอาหารไหมครับ/คะ
[미- 라-ㄴ 아-하-ㄴ 마이 크랍/카]

· 한국 식당이 있나요?
มีร้านอาหารเกาหลีไหมครับ/คะ
[미- 라-ㄴ 아-하-ㄴ 까올리- 마이 크랍/카]

· 커피숍이 있나요?
มีร้านกาแฟไหมครับ/คะ
[미- 라-ㄴ 까-풰- 마이 크랍/카]

## 09 면세점

**ร้านปลอดภาษี**
[라́-ㄴ 쁠러̀-ㅅ 파-씨́-]

· 면세점은 어디인가요?

**ร้านปลอดภาษีอยู่ที่ไหนครับ/คะ**
[라́-ㄴ 쁠러̀-ㅅ 파-씨́- 유̀- 티̂- 나̌이 크랍/카́]

· 화장품 파는 곳은 어디인가요?

**ที่ขายเครื่องสำอางอยู่ที่ไหนครับ/คะ**
[티̂- 카́-이 크르̂-앙 쌈아-ㅇ 유̀- 티̂- 나̌이 크랍/카́]

## 10 출입국 관리소

**สำนักงานตรวจคนเข้าเมือง (ต.ม.)**
[쌈낙응아-ㄴ 뜨루̀-앗 콘 카̂오 므-앙(떠- 머-)]

· 출입국 관리소는 어디로 가나요?

**สำนักงานตรวจคนเข้าเมือง (ต.ม.) ไปทางไหนครับ/คะ**
[쌈낙응아-ㄴ 뜨루̀-앗 콘 카̂오 므-앙(떠-머-) 빠이 타-ㅇ 나̌이 크랍/카́]

· 출입국 관리소로 데려다주세요.

**ช่วยพาผม/ดิฉันไปสำนักงานตรวจคนเข้าเมือง (ต.ม.) หน่อยครับ/ค่ะ**
[추̂-아이 파- 폼/디찬̀ 빠이 쌈낙응아-ㄴ 뜨루̀-앗 콘 카̂오 므-앙(떠-머-) 너̀-이 크랍/카́]

## 11 지문

**ลายนิ้วมือ**
[라-이 니́우 므-]

· 지문을 여기에 갖다 대나요?

**สแกนลายนิ้วมือที่นี่หรือครับ/คะ**
[싸깨̀-ㄴ 라-이 니́우 므- 티̂- 니̂- 르̌- 크랍/카́]

· 오른손이요?

**มือขวาหรือครับ/คะ**
[므- 콰- 르- 크랍/카]

· 왼손이요?

**มือซ้ายหรือครับ/คะ**
[므- 싸이- 르- 크랍/카]

## 12 외국인

**ชาวต่างชาติ**
[차-우 따-ㅇ 차-ㅅ]

· 외국인은 여기에서 줄을 서나요?

**ชาวต่างชาติต่อแถวที่นี่หรือครับ/คะ**
[차-우 따-ㅇ 차-ㅅ 떠- 태-우 티- 니- 르- 크랍/카]

· 저는 한국인이에요.

**ผม/ดิฉันเป็นคนเกาหลีครับ/ค่ะ**
[폼/디찬 뻰 콘 까올리- 크랍/카]

## 13 통역사

**ล่าม**
[라-ㅁ]

· 못 알아듣겠어요.

**ไม่เข้าใจครับ/ค่ะ**
[마이 카오 짜이 크랍/카]

· 한국인 통역사를 불러주세요.

**ช่วยเรียกล่ามคนเกาหลี
ให้หน่อยครับ/ค่ะ**
[추-아이 리-악 라-ㅁ 콘 까올리- 하이 너-이 크랍/카]

· 천천히 말씀해 주세요.

**กรุณาพูดช้า ๆ ครับ/ค่ะ**
[까루나- 푸-ㅅ 차 차- 크랍/카]

· 다시 한번 말씀해 주세요.

**กรุณาพูดอีกครั้งครับ/ค่ะ**
[까루나- 푸-ㅅ 이-ㄱ 크랑 크랍/카]

## 14 왕복 티켓 📋

**ตั๋วไปกลับ**
[뚜아 빠이 끌랍]

· 왕복 티켓 있으세요?

**มีตั๋วไปกลับไหมครับ/คะ**
[미- 뚜아 빠이 끌랍 마이 크랍/카]

· 네, 여기 제 왕복 티켓이에요.

**ครับ/ค่ะ นี่คือตั๋วไปกลับ**
**ของผมครับ/ดิฉันค่ะ**
[크랍/카, 니- 크- 뚜아 빠이 끌랍
커-ㅇ 폼 크랍/디찬 카]

## 15 여기 ○○때문에
    왔어요 🗨?

**มาที่นี่เพื่อ ○○**
[마- 티- 니- 프아 ○○]

· 휴가 보내러 왔어요.

**มาที่นี่เพื่อพักร้อนครับ/ค่ะ**
[마- 티- 니- 프아 팍 러-ㄴ 크랍/카]

· 여행하러 왔어요.

**มาที่นี่เพื่อท่องเที่ยวครับ/ค่ะ**
[마- 티- 니- 프아 터-ㅇ 티-아우 크랍/카]

· 출장 왔어요.

**มาที่นี่เพื่อศึกษาดูงานครับ/ค่ะ**
[마- 티- 니- 프아 쓱싸- 두- 응아-ㄴ 크랍/카]

## 16 ○○에 묵을
    거예요 💤

**จะพักที่ ○○**
[짜 팍 티- ○○]

· 호텔에서 묵을 거예요.

**จะพักที่โรงแรมครับ/ค่ะ**
[짜 팍 티- 로-ㅇ래-ㅁ 크랍/카]

· 지인 집에서 묵을 거예요.

**จะพักที่บ้านคนรู้จักครับ/ค่ะ**
[짜 팍 티- 바-ㄴ 콘 루- 짝 크랍/카]

## 17 ○○ 동안 있을 거예요

จะอยู่ ○○
[짜 유- ○○]

· 3일 동안 있을 거예요.

จะอยู่ 3 วันครับ/ค่ะ
[짜 유- 싸-ㅁ 완 크랍/카]

· 2주 동안 있을 거예요.

จะอยู่ 2 อาทิตย์ครับ/ค่ะ
[짜 유- 써-ㅇ 아-팃 크랍/카]

· 한 달 동안 있을 거예요.

จะอยู่เดือนหนึ่งครับ/ค่ะ
[짜 유- 드-안 능 크랍/카]

## 18 수화물 찾는 곳

จุดรับสัมภาระ
[쭛 랍 쌈파-라]

· 수화물은 어디에서 찾나요?

รับสัมภาระได้ที่ไหนครับ/คะ
[랍 쌈파-라 다이 티- 나이 크랍/카]

· 수화물 찾는 곳은 어디인가요?

จุดรับสัมภาระอยู่ที่ไหนครับ/คะ
[쭛 랍 쌈파-라 유- 티- 나이 크랍/카]

· 수화물 찾는 곳으로 데려다 주세요.

ช่วยพาผม/ดิฉันไปจุดรับสัมภาระหน่อยครับ/ค่ะ
[추-아이 파- 폼/디찬 빠이 쭛 랍 쌈파-라 너-이 크랍/카]

## 19 카트

รถเข็น
[롯 켄]

· 카트는 어디에 있나요?

รถเข็นอยู่ที่ไหนครับ/คะ
[롯 켄 유- 티- 나이 크랍/카]

· 카트가 고장 났어요.　　　　　รถเข็นคันนี้เสียแล้วครับ/ค่ะ
　　　　　　　　　　　　　　　　[롯 켄 칸 니- 씨-아 래-우 크랍/카]

· 카트가 없어요.　　　　　　　ไม่มีรถเข็นครับ/ค่ะ
　　　　　　　　　　　　　　　　[마이 미- 롯 켄 크랍/카]

## 20 ○○은 제거예요 🧳

○○คือของผม/ดิฉัน
[○○ 크- 커-오 폼/디찬]

· 이 여행용 가방은 제거예요.　กระเป๋าเดินทางใบนี้คือ
　　　　　　　　　　　　　　　　ของผมครับ/ดิฉันค่ะ
　　　　　　　　　　　　　　　　[끄라빠오 드ㅓ-ㄴ타-ㅇ 바이 니- 크-
　　　　　　　　　　　　　　　　커-오 폼 크랍/디찬 카]

· 이 카트는 제거예요.　　　　　รถเข็นคันนี้คือของผมครับ/ดิฉันค่ะ
　　　　　　　　　　　　　　　　[롯 켄 칸 니- 크- 커-오 폼 크랍/디찬 카]

## 21 분실하다 🧳

ทำหาย
[탐 하-이]

· 제 짐을 못 찾겠어요.　　　　หาสัมภาระของผม/ดิฉันไม่เจอ
　　　　　　　　　　　　　　　　ครับ/ค่ะ
　　　　　　　　　　　　　　　　[하- 쌈파-라 커-오 폼 /디찬 마이 쯔ㅓ- 크랍/카]

· 제 짐이 없어졌어요.　　　　　สัมภาระของผม/ดิฉันหายไปแล้ว
　　　　　　　　　　　　　　　　ครับ/ค่ะ
　　　　　　　　　　　　　　　　[쌈파-라 커-오 폼 /디찬 하-이 빠이 래-우
　　　　　　　　　　　　　　　　크랍/카]

· 분실 신고는 어디에서　　　　แจ้งของหายที่ไหนครับ/คะ
　하나요?　　　　　　　　　　　[째-ㅇ 커-오 하-이 티- 나이 크랍/카]

## 22 세관 신고하다

แจ้งศุลกากร
[째-ㅇ 쑨라까-꺼-ㄴ]

· 세관 신고를 할 물건이 없어요.

ไม่มีของที่ต้องแจ้งศุลกากรครับ/ค่ะ
[마이 미- 커-ㅇ 티- 떠-ㅇ 째-ㅇ 쑨라까-꺼-ㄴ
크랍/카]

· 세관 신고를 하려면 어디로 가나요?

ถ้าจะแจ้งศุลกากรต้องไปทางไหน
ครับ/คะ
[타- 짜 째-ㅇ 쑨라까-꺼-ㄴ 떠-ㅇ 빠이 타-ㅇ 나이
크랍/카]

## 23 선물

ของฝาก
[커-ㅇ 퐈-ㄱ]

· 이것은 선물 받은 거예요.

นี่คือของฝากที่ได้มาครับ/ค่ะ
[니- 크- 커-ㅇ 퐈-ㄱ 티- 다이 마- 크랍/카]

· 선물로 산 거예요.

นี่คือของที่ซื้อไว้เป็นของฝาก
ครับ/ค่ะ
[니- 크- 커-ㅇ 티- 쓰- 와이 뻰 커-ㅇ 퐈-ㄱ
크랍/카]

## 24 한국 음식

อาหารเกาหลี
[아-하-ㄴ 까올리-]

· 한국 음식이에요.

นี่คืออาหารเกาหลีครับ/ค่ะ
[니- 크- 아-하-ㄴ 까올리- 크랍/카]

· 이것은 김이에요.

นี่คือสาหร่ายครับ/ค่ะ
[นี- คื- ซ่า-ร่า-อิ ครับ/ค่ะ]

· 이것은 고추장이에요.

นี่คือน้ำพริกเกาหลีครับ/ค่ะ
[นี- คื- นาม พริก เกา-หลี- ครับ/ค่ะ]

· 이것은 김치예요.

นี่คือกิมจิครับ/ค่ะ
[นี- คื- กิมจิ ครับ/ค่ะ]

## 25 출구

ทางออก
[ทา-ง ออ-ก]

· 출구는 어디인가요?

ทางออกอยู่ที่ไหนครับ/คะ
[ทา-ง ออ-ก หยู- ที- ไหน ครับ/คะ]

· 출구를 못 찾겠어요.

หาทางออกไม่เจอครับ/ค่ะ
[หา- ทา-ง ออ-ก ไม เจอ- ครับ/คะ]

· 출구로 데려다주세요.

ช่วยพาผม/ดิฉันไปทางออก
หน่อยครับ/ค่ะ
[ช่วย-อาย พา- ผม/ดิฉัน ไป ทา-ง ออ-ก
หน่อย-อิ ครับ/คะ]

## 26 여행 안내소

ศูนย์บริการนักท่องเที่ยว
[ซู-น บอ-ริ-กา-น นัก ท่อ-ง ที-อาว]

· 여행 안내소는 어디인가요?

ศูนย์บริการนักท่องเที่ยวอยู่ที่ไหน
ครับ/คะ
[ซู-น บอ-ริ-กา-น นัก ท่อ-ง ที-อาว หยู- ที- ไหน
ครับ/คะ]

· 여행 안내소로 데려다주세요.
ช่วยพาผม/ดิฉันไปศูนย์บริการ
นักท่องเที่ยวหน่อยครับ/ค่ะ
[추-아이 파- 폼/디찬 빠이 쑤-ㄴ 버-리까-ㄴ
낙 터-ㅇ 티-아우 너-이 크랍/카]

· 지도 좀 주세요.
ขอแผนที่หน่อยครับ/ค่ะ
[커- 패-ㄴ 티- 너-이 크랍/카]

· 한국어로 된 지도 있나요?
มีแผนที่ภาษาเกาหลีไหมครับ/คะ
[미- 패-ㄴ 티- 파-싸- 까올리- 마이 크랍/카]

## 27 환전하다
แลกเงิน
[래-ㄱ 응언]

· 환전하는 곳은 어디인가요?
จุดแลกเงินอยู่ที่ไหนครับ/คะ
[쭛 래-ㄱ 응언 유- 티- 나이 크랍/카]

· 환전하는 곳에 데려다주세요.
ช่วยพาผม/ดิฉันไปจุดแลกเงิน
หน่อยครับ/ค่ะ
[추-아이 파- 폼/디찬 빠이 쭛 래-ㄱ 응언
너-이 크랍/카]

· 환전하려고 해요.
ผม/ดิฉันจะแลกเงินครับ/ค่ะ
[폼/디찬 짜 래-ㄱ 응언 크랍/카]

## 28 택시
แท็กซี่
[택씨-]

· 택시는 어디에서 타나요?
ขึ้นแท็กซี่ได้ที่ไหนครับ/คะ
[큰 택씨- 다이 티- 나이 크랍/카]

· 택시 타는 곳에 데려다주세요.
ช่วยพาผม/ดิฉันไปที่ขึ้นแท็กซี่
หน่อยครับ/ค่ะ
[추-아이 파- 폼/디찬 빠이 티- 큰 택씨-
너-이 크랍/카]

· 택시를 타면 비싼가요?
ถ้าขึ้นแท็กซี่จะแพงไหมครับ/คะ
[타- 큰 택씨- 짜 패-ㅇ 마이 크랍/카]

## 29 제일 가까운 ↔
ที่ใกล้ที่สุด
[티- 끌라이 티- 쑷]

· 제일 가까운 카페는
어디인가요?
ร้านกาแฟที่ใกล้ที่สุดอยู่ที่ไหนครับ/คะ
[라-ㄴ 까-풰- 티- 끌라이 티- 쑷 유- 티- 나이
크랍/카]

· 제일 가까운 마사지숍은
어디인가요?
ร้านนวดที่ใกล้ที่สุดอยู่ที่ไหนครับ/คะ
[라-ㄴ 누-앗 티- 끌라이 티- 쑷 유- 티- 나이
크랍/카]

## 30 화장실 🚹🚺
ห้องน้ำ
[허-ㅇ 나-ㅁ]

· 화장실은 어디에 있나요?
ห้องน้ำอยู่ที่ไหนครับ/คะ
[허-ㅇ 나-ㅁ 유- 티- 나이 크랍/카]

· 화장실은 밖에 있나요?
ห้องน้ำอยู่ข้างนอกหรือครับ/คะ
[허-ㅇ 나-ㅁ 유- 카-ㅇ 너-ㄱ 르- 크랍/카]

## 31 공항 연결선

แอร์พอร์ตลิ้งค์
[애-퍼-ㅅ 링]

· 공항 연결선은 어디에서
타나요?

ขึ้นแอร์พอร์ตลิ้งค์ที่ไหนครับ/คะ
[큰 애-퍼-ㅅ 링 티- 나이 크랍/카]

· 공항 연결선은 몇 시에
출발하나요?

แอร์พอร์ตลิ้งค์จะออกกี่โมงครับ/คะ
[애-퍼-ㅅ 링 짜 어-ㄱ 끼- 모-ㅇ 크랍/카]

· 공항 연결선은 시내를
지나나요?

แอร์พอร์ตลิ้งค์จะผ่านตัวเมืองไหม
ครับ/คะ
[애-퍼-ㅅ 링 짜 파-ㄴ 뚜-아 므-앙 마이 크랍/카]

· 공항 연결선 표는 얼마인가요?

ตั๋วแอร์พอร์ตลิ้งค์เท่าไรครับ/คะ
[뚜-아 애-퍼-ㅅ 링 타오라이 크랍/카]

## 태국 더 알기!  심 카드(Sim Card) 구입하기

태국의 심 카드(Sim Card)는 3일, 7일, 15일 등 여러 가지
종류가 있어서, 짧은 기간 여행을 계획하고 있는 여행자
라도 구입하여 사용할 수 있습니다. 심 카드를 구입하면
전화나 3G, 4G 등의 인터넷 사용이 가능하므로 여행을
더욱 편리하게 만들어줍니다.

공항 출구 쪽 및 대형 백화점에 심 카드를 통신사 별로
판매하는 곳이 있으며, 태국의 대표적인 통신사는 'AIS',
'DTAC', 'Truemove'가 있습니다. 매장에는 영어를 할 수 있는 직원이 있어 고객의 조건에 알
맞는 심 카드 상품을 소개해주고 개통까지 도와줍니다. 따라서 여행자는 자신이 원하는 통
신사를 선택하여 구입할 수 있습니다.

# 위급상황

필요한 단어! T 02-03

| 01 | 와이파이 | ไวไฟ<br>[와이파이] |
| 02 | 현금 지급기 | ตู้เอทีเอ็ม<br>[뚜- 에-티-엠] |
| 03 | 배터리를 충전하다 | ชาร์จแบต<br>[차-ㅅ 배-ㅅ] |
| 04 | 휴대 전화 | มือถือ<br>[므- 트-] |
| 05 | 편의점 | ร้านสะดวกซื้อ<br>[라-ㄴ 싸두-악 쓰-] |
| 06 | 약국 | ร้านขายยา<br>[라-ㄴ 카-이 야-] |
| 07 | 흡연구역 | เขตสูบบุหรี่<br>[케-ㅅ 쑤-ㅂ 부리-] |
| 08 | 유심칩 | ซิมการ์ด<br>[씸 까-ㅅ] |

86 | 여행 태국어

# 빨리 찾아

말하면 OK! **T 02-04**

- 이곳은 와이파이가 무료인가요?

ที่นี่ใช้ไวไฟได้ฟรีหรือครับ/คะ
[티- 니- 차이 와이퐈이 다이 프리- 르- 크랍/카]

- 와이파이 비밀번호가 무엇인가요?

รหัสไวไฟคืออะไรครับ/คะ
[라핫 와이퐈이 크- 아라이 크랍/카]

- 현금 지급기는 어디에 있나요?

ตู้เอทีเอ็มอยู่ที่ไหนครับ/คะ
[뚜- 에-티-엠 유- 티- 나이 크랍/카]

- 휴대 전화는 어디에서 충전할 수 있나요?

ชาร์จแบตมือถือได้ที่ไหนครับ/คะ
[차-ㅅ 배-ㅅ 므- 트- 다이 티- 나이 크랍/카]

- 휴대 전화를 잃어버렸어요.

ทำมือถือหายครับ/ค่ะ
[탐 므- 트- 하이 크랍/카]

- 편의점은 어디에 있나요?

ร้านสะดวกซื้ออยู่ที่ไหนครับ/คะ
[라-ㄴ 싸두-악 쓰- 유- 티- 나이 크랍/카]

- 약국은 어디에 있나요?

ร้านขายยาอยู่ที่ไหนครับ/คะ
[라-ㄴ 카이 야- 유- 티- 나이 크랍/카]

- 진통제가 있나요?

มียาแก้ปวดไหมครับ/คะ
[미- 야- 깨- 뿌-앗 마이 크랍/카]

- 흡연구역은 어디에 있나요?

เขตสูบบุหรี่อยู่ที่ไหนครับ/คะ
[케-ㅅ 쑤-ㅂ 부리- 유- 티- 나이 크랍/카]

- 유심칩은 어디에서 살 수 있나요?

ซื้อซิมการ์ดได้ที่ไหนครับ/คะ
[쓰- 씸 까-ㅅ 다이 티- 나이 크랍/카]

일본인? 중국인!?

ดิฉันเป็น
คนเกาหลีค่ะ

저는 한국인이에요.

ใช่คุณหรือคะ

본인 맞습니까?

쌍꺼풀만 했는데…

한국 의술이
보통이 아니군…

ที่ทรานเฟอร์อยู่ที่ไหนคะ
환승하는 곳은 어디인가요?

เชิญไปทางโน้นครับ
저쪽으로 가시면 됩니다.

## 망설이지 말자!
อย่าลังเลเลย

이것은 제 짐 가방이에요.
**นี่คือกระเป๋าของดิฉันค่ะ**
[นี่- คื- กฺราเป๋า ขอ̌-ง ดิฉัน ค่ะ]

저는 한국인이에요.
**ดิฉันเป็นคนเกาหลีค่ะ**
[ดิฉัน เป็น คน เกาหฺลี- ค่ะ]

저는 환승객이에요.
**ดิฉันเป็นผู้โดยสารทรานเฟอร์ค่ะ**
[ดิฉัน เป็น ผู้- โด-ย สา̌-น ทฺรา-นเฟอ̂ร์- ค่ะ]

PART 03

# 거리에서

# 거리에서

많은 단어를 알 필요 없다
왜? 말할 게 뻔하니까!

**T 03-01**

| 01 | 길, 거리 | ถนน<br>[타논] |
|----|---------|---------------|
| 02 | 찾다 | หา<br>[하-] |
| 03 | 주소 | ที่อยู่<br>[티- 유-] |
| 04 | 지도 | แผนที่<br>[패-ㄴ 티-] |
| 05 | 오른쪽 | ทางขวา<br>[타-ㅇ 콰-] |
| 06 | 왼쪽 | ทางซ้าย<br>[타-ㅇ 싸-이] |
| 07 | 모퉁이 | มุม<br>[뭄] |
| 08 | 횡단보도 | ทางม้าลาย<br>[타-ㅇ 마-라-이] |
| 09 | 걷다 | เดิน<br>[드ㅓ-ㄴ] |
| 10 | 돌다, 꺾다 | เลี้ยว<br>[리-아우] |

| 11 | 붐비다 | แน่น<br>[낸] |
| 12 | 퇴근시간 | เวลาเลิกงาน<br>[웨-ㄹ라- ㄹ러ㅓ-ㄱ 응아-ㄴ] |
| 13 | 어디에 있나요? | อยู่ที่ไหน<br>[유- 티- 나이] |
| 14 | ○○는 어떻게 가나요? | ไป ○○ อย่างไร<br>[빠이 ○○ 야-ㅇ라이] |
| 15 | 얼마나 걸리나요? | ใช้เวลาเท่าไร<br>[차이 웨-ㄹ라- 타오라이] |
| 16 | 고맙습니다 | ขอบคุณ<br>[커-ㅂ쿤] |

태국 도로에는
오토바이가 많으니
조심하세요!

# 빨리 찾아 읽으세요 ! T 03-02

## 01 길, 거리 🏢

ถนน
[타논]

---

· 이 길 좀 알려주세요

ช่วยแนะนำวิธีไปถนนเส้นนี้
ให้หน่อยครับ/ค่ะ
[추-아이 내남 위티- 빠이 타논 쎈 니-
하이 너-이 크랍/카]

· 이 길이 맞나요?

ถนนเส้นนี้ใช่ไหมครับ/คะ
[타논 쎈 니- 차이 마이 크랍/카]

· 이 방향이 맞나요?

ไปทางนี้ใช่ไหมครับ/คะ
[빠이 타-ㅇ 니- 차이 마이 크랍/카]

· 이 길이 아닌 것 같아요.

คงไม่น่าใช่ถนนเส้นนี้ครับ/ค่ะ
[콩 마이 나- 차이 타논 쎈 니- 크랍/카]

· 이 다음 길이(블록이) 맞나요?

ซอยถัดไปใช่ไหมครับ/คะ
[써-이 탓 빠이 차이 마이 크랍/카]

· 이 거리는 어디인가요?

ถนนเส้นนี้คือที่ไหนครับ/คะ
[타논 쎈 니- 크- 티- 나이 크랍/카]

· 이 거리 이름은 무엇인가요?

ถนนเส้นนี้เรียกว่าอะไรครับ/คะ
[타논 쎈 니- 리-약 와- 아라이 크랍/카]

## 02 찾다 🔍

หา
[하-]

- 여기를 찾고 있어요.
  กำลังหาที่นี่อยู่ครับ/ค่ะ
  [깜랑 하- 티- 니- 유- 크랍/카]

- 이 주소를 찾고 있어요.
  กำลังหาที่อยู่นี้อยู่ครับ/ค่ะ
  [깜랑 하- 티- 유- 니- 유- 크랍/카]

- 이 레스토랑을 찾고 있어요.
  กำลังหาร้านอาหารนี้อยู่ครับ/ค่ะ
  [깜랑 하- 라-ㄴ 아-하-ㄴ 니- 유- 크랍/카]

- 버스 정류장을 찾고 있어요.
  กำลังหาป้ายรถเมล์อยู่ครับ/ค่ะ
  [깜랑 하- 빠-이 롯메- 유- 크랍/카]


## 03 주소 🗂

ที่อยู่
[티- 유-]

- 이 주소는 어디인가요?
  ที่อยู่นี้คือที่ไหนครับ/คะ
  [티- 유- 니- 크- 티- 나이 크랍/카]

- 이 주소는 어떻게 가나요?
  ไปถึงที่อยู่นี้อย่างไรครับ/คะ
  [빠이 틍 티- 유- 니- 야-ㅇ라이 크랍/카]

- 이 주소를 아시나요?
  พอทราบที่อยู่นี้ไหมครับ/คะ
  [퍼- 싸-ㅂ 티- 유- 니- 마이 크랍/카]

## 04 지도

**แผนที่**
[패̆-ㄴ 티̂-]

· 이 지도가 맞나요?

**แผนที่นี้ถูกต้องไหมครับ/คะ**
[패̆-ㄴ 티̂- 니- 투̀-ㄱ 떠̂-ㅇ 마̆이 크랍/카̀]

· 무료로 제공되는 지도가
  있나요?

**มีแผนที่แจกให้ฟรีไหมครับ/คะ**
[미- 패̆-ㄴ 티̂- 째̀-ㄱ 하̂이 프리- 마̆이 크랍/카̀]

· 지도에서 여기는 어디인가요?

**ในแผนที่นี้ ที่นี่คือที่ไหนครับ/คะ**
[나이 패̆-ㄴ 티̂- 니-, 티̂- 니̂- 크- 티̂- 나̆이 크랍/카̀]

· 약도 좀 그려주실 수 있나요?

**ช่วยเขียนแผนที่คร่าว ๆ
ให้หน่อยได้ไหมครับ/คะ**
[추̂-아이 키̆-안 패̆-ㄴ 티̂- 크라̂우 크라̂우
하̂이 너̀-이 다̂이 마̆이 크랍/카̀]

## 05 오른쪽 ➡

**ทางขวา**
[타̄-ㅇ 콰̆-]

· 오른쪽으로 가세요.

**ไปทางขวาครับ/ค่ะ**
[빠이 타̄-ㅇ 콰̆- 크랍/카̂]

· 오른쪽 건물이에요.

**อาคารที่อยู่ทางขวาครับ/ค่ะ**
[아-카-ㄴ 티̂- 유̀- 타̄-ㅇ 콰̆- 크랍/카̂]

## 06 왼쪽 ⬅

**ทางซ้าย**
[타̄-ㅇ 싸́-이]

· 왼쪽으로 가세요.

**ไปทางซ้ายครับ/ค่ะ**
[빠이 타̄-ㅇ 싸́-이 크랍/카̂]

· 왼쪽 건물이에요.
อาคารที่อยู่ทางซ้ายครับ/ค่ะ
[아-카-ㄴ 티- 유- 타-ㅇ 싸이 크랍/카]

## 07 모퉁이
มุม
[뭄]

· 이 모퉁이를 돌면 있어요.
เลี้ยวที่มุมนี้ไปก็จะเห็นครับ/ค่ะ
[리-아우 티- 뭄 니- 빠이 꺼- 짜 헨 크랍/카]

· 이 모퉁이를 돌면 여기가 나오나요?
ถ้าเลี้ยวที่มุมนี้ไปจะถึงที่นี่ ไหมครับ/คะ
[타- 리-아우 티- 뭄 니- 빠이 짜 틍 티- 니- 마이 크랍/카]

· 여기가 아니라 다음 모퉁이에요.
ไม่ใช่ที่นี่ แต่เป็นมุมถัดครับ/ค่ะ
[마이 차이 티- 니-, 때- 뻰 뭄 탓 빠이 크랍/카]

## 08 횡단보도
ทางม้าลาย
[타-ㅇ 마-라-이]

· 횡단보도는 어디에 있나요?
ทางม้าลายอยู่ที่ไหนครับ/คะ
[타-ㅇ 마-라-이 유- 티- 나이 크랍/카]

· 횡단보도가 여기에서 먼가요?
ทางม้าลายอยู่ไกลจากที่นี่ไหมครับ/คะ
[타-ㅇ 마-라-이 유- 끌라이 짜-ㄱ 티- 니- 마이 크랍/카]

· 여기에서 건너야 하나요?
ต้องข้ามถนนที่นี่หรือครับ/คะ
[떠-ㅇ 카-ㅁ 타논 티- 니- 르- 크랍/카]

## 09 걷다 🥾

เดิน
[드ㅓ-ㄴ]

· 여기에서 걸어갈 수 있나요?

เดินจากที่นี่ไปได้ไหมครับ/คะ
[드ㅓ-ㄴ 짜-ㄱ 티- 니- 빠이 다이 마이 크랍/카]

· 얼마나 걸리나요?

จะใช้เวลาเท่าไรครับ/คะ
[짜 차이 웨-ㄹ라- 타오라이 크랍/카]

## 10 돌다, 꺾다 ↱↰

เลี้ยว
[리-아우]

· 우회전을 해주세요.

เลี้ยวขวาครับ/ค่ะ
[리-아우 콰- 크랍/카]

· 좌회전을 해주세요.

เลี้ยวซ้ายครับ/ค่ะ
[리-아우 싸-이 크랍/카]

· 유턴을 해주세요.

กลับรถครับ/ค่ะ
[끌랍 롯 크랍/카]

## 11 붐비다 👥

แน่น
[낸]

· 오늘 왜 이렇게 사람들이 많나요?

วันนี้ทำไมคนแน่นจังครับ/คะ
[완니- 탐마이 콘 낸 짱 크랍/카]

· 덜 붐비는 쪽으로 가주세요.

ช่วยพาไปทางที่คนไม่ค่อยแน่น
ให้หน่อยครับ/ค่ะ
[추-아이 파- 빠이 타-ㅇ 티- 콘 마이 커-이 낸
하이 너-이 크랍/카]

## 12 퇴근 시간

เวลาเลิกงาน
[웨-ㄹ라- ㄹ ㅓ̂-ㄱ 응아-ㄴ]

· 지금이 퇴근 시간인가요?

ตอนนี้คือเวลาเลิกงานหรือครับ/คะ
[떠-ㄴ 니-크-웨-ㄹ라- ㄹ ㅓ̂-ㄱ 응아-ㄴ 르̌-
크랍/카]

· 일찍 움직이면 퇴근 시간을
피할 수 있나요?

ถ้าออกเดินทางเร็ว จะเลี่ยง
เวลาเลิกงานได้ไหมครับ/คะ
[타̂- 어-ㄱ 드ㅓ̄-ㄴ타-ㅇ 레우, 짜 리-앙
웨-ㄹ라- ㄹ ㅓ̂-ㄱ 응아-ㄴ 다이 마이 크랍/카]

## 13 어디에
있나요?

อยู่ที่ไหน
[유- 티̂- 나이]

· 이곳은 어디에 있나요?

ที่นี่ที่ไหนครับ/คะ
[티̂- 니̂- 티̂- 나이 크랍/카]

· 이 레스토랑은 어디에 있나요?

ร้านอาหารนี้อยู่ที่ไหนครับ/คะ
[라́-ㄴ 아-하̌-ㄴ 니- 유- 티̂- 나이 크랍/카]

· 이 박물관은 어디에 있나요?

พิพิธภัณฑ์นี้อยู่ที่ไหนครับ/คะ
[피핏타판́ 니- 유- 티̂- 나이 크랍/카]

· 백화점은 어디에 있나요?

ห้างอยู่ที่ไหนครับ/คะ
[하̂-ㅇ 유- 티̂- 나이 크랍/카]

· 버스 정류장은 어디에 있나요?

ป้ายรถเมล์อยู่ที่ไหนครับ/คะ
[빠̂-이 롯메- 유- 티̂- 나이 크랍/카]

· 기차역은 어디에 있나요?

สถานีรถไฟอยู่ที่ไหนครับ/คะ
[싸타̌-니- 롯퐈이 유- 티̂- 나이 크랍/카]

## 14 ○○는 🚌 어떻게 가나요?

ไป ○○ อย่างไร
[빠이 ○○ 야`ㅇ라이]

· 여기에는 어떻게 가나요?

ไปที่นี่อย่างไรครับ/คะ
[빠이 티- 니- 야`ㅇ라이 크랍/카]

· 저기에는 어떻게 가나요?

ไปที่นั่นอย่างไรครับ/คะ
[빠이 티- 난 야`ㅇ라이 크랍/카]

· 이 주소는 어떻게 가나요?

ไปที่อยู่นี้อย่างไรครับ/คะ
[빠이 티- 유- 니- 야`ㅇ라이 크랍/카]

· 이 건물은 어떻게 가나요?

ไปอาคารนี้อย่างไรครับ/คะ
[빠이 아-카-ㄴ 니- 야`ㅇ라이 크랍/카]

· 이 레스토랑은 어떻게 가나요?

ไปร้านอาหารนี้อย่างไรครับ/คะ
[빠이 라-ㄴ 아-하-ㄴ 니- 야`ㅇ라이 크랍/카]

· 이 박물관은 어떻게 가나요?

ไปพิพิธภัณฑ์นี้อย่างไรครับ/คะ
[빠이 피핏타판 니- 야`ㅇ라이 크랍/카]

· 버스 정류장은 어떻게 가나요?

ไปป้ายรถเมล์อย่างไรครับ/คะ
[빠이 빠-이 롯메- 야`ㅇ라이 크랍/카]

· 기차역은 어떻게 가나요?

ไปสถานีรถไฟอย่างไรครับ/คะ
[빠이 싸타-니- 롯퐈이 야`ㅇ라이 크랍/카]

## 15 얼마나 걸리나요? ⏱?

จะใช้เวลาเท่าไร
[짜 차이 웨-ㄹ라- 타오라이]

---

· 여기에서 얼마나 걸리나요?

จากที่นี่จะใช้เวลาเท่าไรครับ/คะ
[짜-ㄱ 티- 니- 짜 차이 웨-ㄹ라- 타오라이
크랍/카]

· 걸어서 얼마나 걸리나요?

ถ้าเดินไปจะใช้เวลาเท่าไรครับ/คะ
[타- 드ㅓ-ㄴ빠이 짜 차이 웨-ㄹ라- 타오라이
크랍/카]

· 버스로 얼마나 걸리나요?

ถ้านั่งรถเมล์ไปจะใช้เวลา
เท่าไรครับ/คะ
[타- 낭 롯메- 빠이 짜 차이 웨-ㄹ라-
타오라이 크랍/카]

· 택시로 얼마나 걸리나요?

ถ้านั่งแท็กซี่ไปจะใช้เวลา
เท่าไรครับ/คะ
[타- 낭 택씨- 빠이 짜 차이 웨-ㄹ라-
타오라이 크랍/카]

---

## 16 고맙습니다 🗣

ขอบคุณ
[커-ㅂ쿤]

---

· 정말 고맙습니다.

ขอบคุณจริง ๆ ครับ/ค่ะ
[커-ㅂ쿤 찡 찡 크랍/카]

· 도와주셔서 고맙습니다.

ขอบคุณที่ช่วยครับ/ค่ะ
[커-ㅂ쿤 티- 추-아이 크랍/카]

# 위급상황

| 01 | 길을 잃다 | หลงทาง |
|---|---|---|
| | | [롱 타-ㅇ] |

| 02 | 소매치기 당하다 | โดนล้วงกระเป๋า |
|---|---|---|
| | | [도-ㄴ 루-앙 끄라빠오] |

| 03 | 공중화장실 | ห้องน้ำสาธารณะ |
|---|---|---|
| | | [허-ㅇ 나-ㅁ 싸-타-라나] |

| 04 | 저는 돈이 없어요. | ผม/ดิฉันไม่มีตังค์ครับ/ค่ะ |
|---|---|---|
| | | [폼/디찬 마이 미- 땅 크랍/카] |

# 빨리 찾아

거리

· 저는 길을 잃었어요.

ผม/ดิฉันหลงทางครับ/ค่ะ
[폼/디찬 롱 타-ㅇ 크랍/카]

· 저는 여행객인데,
  도와주세요.

ผม/ดิฉันเป็นนักท่องเที่ยว
ช่วยด้วยครับ/ค่ะ
[폼/디찬 뻰 낙 터-ㅇ 티-야우,
추-아이 두-아이 크랍/카]

· 소매치기를 당했어요!

โดนล้วงกระเป๋าครับ/ค่ะ !
[도-ㄴ 루-앙 끄라빠오 크랍/카]

· 경찰을 불러주세요.

ช่วยเรียกตำรวจให้หน่อยครับ/ค่ะ
[추-아이 리-악 땀루-앗 하이 너-이 크랍/카]

· 저 사람이 도둑이에요!
  붙잡아주세요.

คนนั้นคือขโมย !
ช่วยจับให้หน่อยครับ/ค่ะ
[콘 난 크- 카모-이! 추-아이 짭 하이 너-이 크랍/카]

· 공중화장실은 어디에 있나요?

ห้องน้ำสาธารณะอยู่ที่ไหนครับ/คะ
[허-ㅇ 나-ㅁ 싸-타-라나 유- 티- 나이 크랍/카]

· 저는 돈이 없어요.

ผม/ดิฉันไม่มีตังค์ครับ/ค่ะ
[폼/디찬 마이 미- 땅 크랍/카]

· 돈을 모두 소매치기 당했어요.

ผม/ดิฉันโดนล้วงกระเป๋าตังค์
หมดแล้วครับ/ค่ะ
[폼/디찬 도-ㄴ 루-앙 끄라빠오 땅 못 래-우 크랍/카]

ไปที่นี่อย่างไรคะ

여기는 어떻게 가야 하나요?

## 망설이지 말자!
아야랑러이

짜뚜짝 시장은 어떻게 가야 하나요?
### ไปตลาดจตุจักรอย่างไรคะ
[빠이 딸라`ㅅ 짜뚜짝 야-ㅇ라이 카`]

랏따나꼬씬 전시회는 어떻게 가야 하나요?
### ไปนิทรรศน์รัตนโกสินทร์อย่างไรคะ
[빠이 니탓 랏따나꼬-씬 야-ㅇ라이 카`]

# PART 04

택시와
기차에서

# 택시& 🚕
# 🚃 기차에서

많은 단어를 알 필요 없다
왜? 말할 게 뻔하니까!

**T 04-01**

| 01 | 택시를 타다 | ขึ้นแท็กซี่<br>[큰 택씨-] |
|----|----|----|
| 02 | 택시를 부르다 | เรียกแท็กซี่<br>[리-약 택씨-] |
| 03 | 주소 | ที่อยู่<br>[티- 유-] |
| 04 | ○○으로 가주세요 | ช่วยไปส่งที่ ○○<br>[추-아이 빠이 쏭 티- ○○] |
| 05 | 대략 얼마인가요? | ประมาณเท่าไร<br>[쁘라마-ㄴ 타오라이] |
| 06 | ~까지 되나요? | ไป ~ ได้ไหม<br>[빠이 ~ 다이 마이] |
| 07 | 얼마나 걸리나요? | ใช้เวลาเท่าไร<br>[차이 웨-ㄹ라- 타오라이] |
| 08 | 요금 | ค่าโดยสาร<br>[카- 도-이싸-ㄴ] |
| 09 | 켜다 | เปิด<br>[쁘ㅓ-ㅅ] |
| 10 | (차) 트렁크 | ท้ายรถ<br>[타-이 롯] |
| 11 | 빨리 가다 | ไปเร็ว<br>[빠이 레우] |

| 12 | 세우다 | จอด<br>[쩌̀-ㅅ] |
| 13 | 계산하다 | จ่าย<br>[짜̀-이] |
| 14 | 거스름돈 | เงินทอน<br>[응언 터̄-ㄴ] |
| 15 | 영수증 | ใบเสร็จ<br>[바이 쎗] |
| 16 | 차 번호 | ป้ายทะเบียนรถ<br>[빠̂-이 타비-안 롯] |
| 17 | 기다리다 | รอ<br>[러̄-] |
| 18 | ○○에 있어요 | อยู่ ○○<br>[유- ○○] |
| 19 | 이 길 | ถนนเส้นนี้<br>[타논 쎈 니-] |
| 20 | 목적지 | จุดหมายปลายทาง<br>[쭛 마̆-이 쁠라-이 타-ㅇ] |
| 21 | 도착하다 | ถึง<br>[틍] |
| 22 | 기차역 | สถานีรถไฟ<br>[싸타-니- 롯 퐈이] |

택시<br>&<br>기차

# 택시 & 🚕
# 🚃 기차에서

많은 단어를 알 필요 없다
왜? 말할 게 뻔하니까 !

# 빨리 찾아

읽으세요! **T 04-02**

## 01 택시를 타다

ขึ้นแท็กซี่
[큰 택씨-]

· 택시는 어디에서 탈 수 있나요?

ขึ้นแท็กซี่ได้ที่ไหนครับ/คะ
[큰 택씨- 다이 티- 나이 크랍/카]

· 공항으로 가는 택시는 어디에서 타나요?

แท็กซี่ไปสนามบินขึ้นที่ไหนครับ/คะ
[택씨- 빠이 싸나-ㅁ 빈 큰 티- 나이 크랍/카]

## 02 택시를 부르다

เรียกแท็กซี่
[리-악 택씨-]

· 택시를 불러주세요.

ช่วยเรียกแท็กซี่ให้หน่อยครับ/ค่ะ
[추-아이 리-악 택씨- 하이 너-이 크랍/카]

· 로비로 택시를 불러주세요.

ช่วยเรียกแท็กซี่ให้มารับที่ล็อบบี้หน่อยครับ/ค่ะ
[추-아이 리-악 택씨- 하이 마- 랍 티- 럽비- 너-이 크랍/카]

## 03 주소 🏠

ที่อยู่
[티- 유-]

· 이 주소로 가주세요.

ช่วยไปส่งที่ที่อยู่นี้ครับ/ค่ะ
[추-아이 빠이 쏭 티- 티- 유- 니- 크랍/카]

택시
&
기차

· 이 주소가 어디인지 아시나요?

พอทราบไหมว่า
ที่อยู่นี้คือที่ไหนครับ/คะ
[พอ- ซ้าบ มาย ว่า-
ที- ยู- นี- คือ- ที- นั่ย 크랍/카]

· 이 주소에서 가장 가까운
호텔로 가주세요.

ช่วยไปส่งที่โรงแรมที่ใกล้
ที่อยู่นี้ที่สุดครับ/ค่ะ
[추-아이 빠이 쏭 티- 로-으래-ㅁ 티- 끌라이
티- 유- 니- 티- 쑷 크랍/카]

· (차량 공유 서비스) 고객님의
주소를 알려주세요.

ขอทราบที่อยู่ของคุณลูกค้าครับ/ค่ะ
[커- 싸-ㅂ 티- 유- 커-ㅇ 쿤 루-ㄱ카- 크랍/카]

## 04 ○○로 가주세요

ช่วยไปส่งที่ ○○
[추-아이 빠이 티- ○○]

· 여기로 가주세요.

ช่วยไปส่งที่นี่ครับ/ค่ะ
[추-아이 빠이 쏭 티- 니- 크랍/카]

· 이 호텔로 가주세요.

ช่วยไปส่งที่โรงแรมนี้ครับ/ค่ะ
[추-아이 빠이 쏭 티- 로-으래-ㅁ 니- 크랍/카]

· 이 식당으로 가주세요.

ช่วยไปส่งที่ร้านอาหารนี้ครับ/ค่ะ
[추-아이 빠이 쏭 티- 라-ㄴ 아-하-ㄴ 니-
크랍/카]

· 시내로 가주세요.

ช่วยไปส่งที่ตัวเมืองครับ/ค่ะ
[추-아이 빠이 쏭 티- 뚜-아 므-앙 크랍/카]

· 공항으로 가주세요.

ช่วยไปส่งที่สนามบินครับ/ค่ะ
[추-아이 빠이 쏭 티- 싸나-ㅁ 빈 크랍/카]

## 05 대략 얼마 인가요?

ประมาณเท่าไร
[쁘라마-ㄴ 타오라이]

· 여기에서부터 저기까지는
대략 얼마인가요?

จากที่นี่ถึงที่โน่นประมาณ
เท่าไรครับ/คะ
[짜-ㄱ 티- 니- 틍 티- 노-ㄴ 쁘라마-ㄴ
타오라이 크랍/카]

· 시내에서 공항까지는
대략 얼마인가요?

จากตัวเมืองถึงสนามบินประมาณ
เท่าไรครับ/คะ
[짜-ㄱ 뚜-아 므-앙 틍 싸나-ㅁ 빈 쁘라마-ㄴ
타오라이 크랍/카]

· 1km에 얼마인가요?

กิโลเมตรละเท่าไรครับ/คะ
[낄로-멧 라 타오라이 크랍/카]

## 06 ~까지 되나요?

OK?

ไป ~ ได้ไหม
[빠이 ~ 다이 마이]

· 백화점까지 100바트에
되나요?

ไปห้างร้อยหนึ่งได้ไหมครับ/คะ
[빠이 하-ㅇ 러-이 능 다이 마이 크랍/카]

· 공항까지 200바트에 되나요?

ไปสนามบินสองร้อยได้ไหมครับ/คะ
[빠이 싸나-ㅁ 빈 써-ㅇ 러-이 다이 마이 크랍/카]

· 호텔까지 300바트에 되나요?

ไปโรงแรมสามร้อยได้ไหมครับ/คะ
[빠이 로-ㅇ래-ㅁ 싸-ㅁ 러-이 다이 마이 크랍/카]

## 07 얼마나 걸리나요?

ใช้เวลาเท่าไร
[ชั่าย เว-ลา- ท่าเอาไหร่]

· 여기에서 거기까지 얼마나
걸리나요?

จากที่นี่ถึงที่นั่นจะใช้เวลา
เท่าไรครับ/คะ
[จา-ก ที่- นี่- ถึ่ง ที่- นั่น จะ ชั่าย เว-ลา-
ท่าเอาไหร่ ค่รับ/ค่ะ]

· 거기까지 가는데 오래
걸리나요?

กว่าจะถึงที่นั่นจะใช้เวลานานไหม
ครับ/คะ
[กว่า- จะ ถึ่ง ที่- นั่น จะ ชั่าย เว-ลา- นา-น ไม่อย
ค่รับ/ค่ะ]

· 거기까지 가는데 막히나요?

กว่าจะถึงที่นั่นรถจะติดไหมครับ/คะ
[กว่า- จะ ถึ่ง ที่- นั่น รด จะ ติด ไม่อย ค่รับ/ค่ะ]


## 08 요금

ค่าโดยสาร
[ค่า- โด-อยสา-น]

· 기본요금은 얼마인가요?

ค่าโดยสารขั้นต่ำเท่าไรครับ/คะ
[ค่า- โด-อยสา-น คั่น ต่ำ ท่าเอาไหร่ ค่รับ/ค่ะ]

· 요금이 너무 비싸요!

ค่าโดยสารแพงเกินครับ/ค่ะ
[ค่า- โด-อยสา-น แพ-ง เกิ-น ค่รับ/ค่ะ]

· 거리로 요금을 받나요?

คิดค่าโดยสารตามระยะทางหรือ
ครับ/คะ
[คิด ค่า- โด-อยสา-น ต่า-ม ราย่ะ ทา-ง ร่ือ- ค่รับ/ค่ะ]

## 09 켜다

เปิด
[쁘ㅓ-ㅅ]

- 에어컨을 켜주세요.

ช่วยเปิดแอร์ให้หน่อยครับ/ค่ะ
[추-아이 쁘ㅓ-ㅅ 애- 하이 너-이 크랍/카]

- 에어컨을 세게 켜주세요.

ช่วยเปิดแอร์ให้แรง ๆ หน่อย
ครับ/ค่ะ
[추-아이 쁘ㅓ-ㅅ 애- 하이 랭 래-ㅇ 너-이
크랍/카]

- 미터기를 켜주세요.

ช่วยกดมิเตอร์ด้วยครับ/ค่ะ
[추-아이 꼿 미뜨ㅓ- 두-아이 크랍/카]

## 10 (차) 트렁크

ท้ายรถ
[타-이 롯]

- (차) 트렁크를 열어주세요.

ช่วยเปิดท้ายรถให้หน่อยครับ/ค่ะ
[추-아이 쁘ㅓ-ㅅ 타-이 롯 하이 너-이 크랍/카]

- (차) 트렁크가 안 열려요.

เปิดท้ายรถไม่ได้ครับ/ค่ะ
[쁘ㅓ-ㅅ 타-이 롯 마이 다이 크랍/카]

- (차) 트렁크에 이것 넣는 것을
  도와주세요.

ช่วยผม/ดิฉันใส่อันนี้ที่ท้ายรถหน่อย
ครับ/ค่ะ
[추-아이 폼/디찬 싸이 안 니- 티- 타-이 롯 너-이
크랍/카]

- (차) 트렁크에서 물건 내리는
  것을 도와주세요.

ช่วยผม/ดิฉันเอาของออกจาก
ท้ายรถหน่อยครับ/ค่ะ
[추-아이 폼/디찬 아오 커-ㅇ 어-ㄱ 짜-ㄱ
타-이 롯 너-이 크랍/카]

## 11 빨리 가다

ไปเร็ว
[빠이 레우]

· 빨리 좀 가주실 수 있나요?

ไปให้เร็วหน่อยได้ไหมครับ/คะ
[빠이 하이 레우 너-이 다이 마이 크랍/카]

· 조금만 더 빨리 가주세요.

ไปให้เร็วกว่านี้หน่อยครับ/ค่ะ
[빠이 하이 레우 꽈- 니- 너-이 크랍/카]

· 빨리 가야 해요.

ต้องรีบไปเร็ว ๆ ครับ/ค่ะ
[떠-ㅇ 리-ㅂ 빠이 레우 레우 크랍/카]

## 12 세우다 **STOP**

จอด
[쩌-ㅅ]

· 여기에서 세워주세요.

ช่วยจอดที่นี่ให้หน่อยครับ/ค่ะ
[추-아이 쩌-ㅅ 티- 니- 하이 너-이 크랍/카]

· 횡단보도에서 세워주세요.

ช่วยจอดที่ทางม้าลายให้หน่อย
ครับ/ค่ะ
[추-아이 쩌-ㅅ 티- 타-ㅇ 마- 라-이 하이 너-이
크랍/카]

· 저 모퉁이 돌아서 세워주세요.

ช่วยเลี้ยวมุมนั้นแล้วจอดให้หน่อย
ครับ/ค่ะ
[추-아이 리-아우 뭄 난 래-우 쩌-ㅅ 하이 너-이
크랍/카]

· 호텔 입구 앞에서 세워주세요.

ช่วยจอดหน้าประตูโรงแรม
ให้หน่อยครับ/ค่ะ
[추-아이 쩌-ㅅ 나- 쁘라뚜- 로-ㅇ래-ㅁ
하이 너-이 크랍/카]

## 13 계산하다

จ่าย
[짜-이]

· 어떤 방법으로 계산해야
  하나요?

ต้องจ่ายด้วยวิธีไหนครับ/คะ
[떠-ㅇ 짜-이 두-아이 위티- 나이 크랍/카]

· 카드로 계산되나요?

จ่ายบัตรเครดิตได้ไหมครับ/คะ
[짜-이 밧 크레-딧 다이 마이 크랍/카]

· 달러로 계산되나요?

จ่ายเงินดอลลาร์ได้ไหมครับ/คะ
[짜-이 응원 더-ㄴ라- 다이 마이 크랍/카]

· 현금만 받아요.

รับแต่เงินสดครับ/ค่ะ
[랍 때- 응원 쏫 크랍/카]

· 잔돈을 안 가져왔어요.

ไม่ได้เอาเงินย่อยมาครับ/ค่ะ
[마이 다이 아오 응원 여-이 마- 크랍/카]


## 14 거스름돈

เงินทอน
[응원 터-ㄴ]

· 거스름돈을 안 주셨어요.

ยังไม่ได้ให้เงินทอนครับ/ค่ะ
[양 마이 다이 하이 응원 터-ㄴ 크랍/카]

· 거스름돈은 됐어요.

ไม่ต้องทอนครับ/ค่ะ
[마이 떠-ㅇ 터-ㄴ 크랍/카]

· 거스름돈이 잘못됐어요.

ทอนผิดครับ/ค่ะ
[터-ㄴ 핏 크랍/카]

택시
&
기차

## 15 영수증

ใบเสร็จ
[바이 쎗]

· 영수증 주세요.

ขอใบเสร็จครับ/ค่ะ
[커- 바이 쎗 크랍/카]

· 영수증을 안 주셨어요.

ยังไม่ได้ใบเสร็จครับ/ค่ะ
[양 마이 다이 바이 쎗 크랍/카]

## 16 차 번호 `อกล 9535`

ป้ายทะเบียนรถ
[빠-이 타비-안 롯]

· 차 번호를 확인해 주세요.

กรุณาเช็คป้ายทะเบียนรถด้วย
ครับ/ค่ะ
[까루나- 첵 빠-이 타비-안 롯 두-아이 크랍/카]

· 차 번호가 어떻게 되나요?

ป้ายทะเบียนรถอะไรครับ/คะ
[빠-이 타비-안 롯 아라이 크랍/카]

· 자동차 브랜드가 무엇인가요?

รถยี่ห้ออะไรครับ/คะ
[롯 이-허- 아라이 크랍/카]

## 17 기다리다

รอ
[러-]

· 얼마나 기다려야 하나요?

ต้องรออีกนานเท่าไรครับ/คะ
[떠-ㅇ 러- 이-ㄱ 나-ㄴ 타오라이 크랍/카]

· 잠깐만 기다려주세요.

กรุณารอสักครู่ครับ/ค่ะ
[까루나- 라- 싹 크루- 크랍/카]

## 18 ○○에 있어요  อยู่ ○○
[유- ○○]

· 저는 시원 호텔에 있어요.

ผม/ดิฉันอยู่หน้าโรงแรมซีวอน
ครับ/ค่ะ
[폼/디찬 유- 나- 로-애-ㅁ 씨-워-ㄴ 크랍/카]

· 저는 커피숍 앞에 있어요.

ผม/ดิฉันอยู่หน้าร้านกาแฟครับ/ค่ะ
[폼/디찬 유- 나- 라-ㄴ 까-풰- 크랍/카]

· 저는 한국 식당 앞에 있어요.

ผม/ดิฉันอยู่หน้าร้านอาหารเกาหลี
ครับ/ค่ะ
[폼/디찬 유- 나- 라-ㄴ 아-하-ㄴ 까올리-
크랍/카]

## 19 이 길  ถนนเส้นนี้
[타논 쎈 니-]

· 이 길로 가주세요.

ไปตามถนนเส้นนี้ครับ/ค่ะ
[빠이 따-ㅁ 타논 쎈 니- 크랍/카]

· 이 길이 아닌 것 같아요.

คงไม่ใช่ถนนเส้นนี้ครับ/ค่ะ
[콩 마이 차이 타논 쎈 니- 크랍/카]

· 이 길이 지름길인가요?

ถนนเส้นนี้คือทางลัดหรือครับ/คะ
[타논 쎈 니- 크- 타-ㅇ 랏 르- 크랍/카]

## 20 목적지

จุดหมายปลายทาง
[쫏 마이 쁠라-이 타-ㅇ]

· 목적지까지는 아직 멀었나요?

กว่าจะถึงจุดหมายปลายทาง
อีกนานไหมครับ/คะ
[꽈- 짜 틍 쯧 마이 쁠라-이 타-ㅇ
이-ㄱ 나-ㄴ 마이 크랍/카]

· 목적지 근처에 오면
말씀해주세요.

ถ้าใกล้ถึงจุดหมายปลายทางแล้ว
ช่วยบอกด้วยนะครับ/คะ
[타- 끌라이 틍 쯧 마이 쁠라-이 타-ㅇ 래-우
추-아이 버-ㄱ 두-아이 나 크랍/카]

## 21 도착하다

ถึง
[틍]

· 거의 도착했나요?

ใกล้ถึงหรือยังครับ/คะ
[끌라이 틍 르- 양 크랍/카]

· 저는 도착했어요.

ผม/ดิฉันถึงแล้วครับ/ค่ะ
[폼/디찬 틍 래-우 크랍/카]

## 22 기차역

สถานีรถไฟ
[싸타-니- 롯 퐈이]

· 기차역은 어디인가요?

สถานีรถไฟอยู่ที่ไหนครับ/คะ
[싸타-니- 롯 퐈이 유- 티- 나이 크랍/카]

· 기차역은 어떻게 가나요?

ไปสถานีรถไฟอย่างไรครับ/คะ

[빠이 싸타-니- 롯 퐈이 야ㆍ아라이 크랍/카]

· 이곳이 기차역인가요?

ที่นี่คือสถานีรถไฟหรือครับ/คะ

[티- 니- 크- 싸타-니- 롯 퐈이 르- 크랍/카]

· 기차역은 여기에서 먼가요?

สถานีรถไฟอยู่ไกลไหมครับ/คะ

[싸타-니- 롯 퐈이 유- 끌라이 마이 크랍/카]

## 23 매표소

ช่องขายตั๋ว

[청 카-이 뚜-아]

· 매표소는 어디인가요?

ช่องขายตั๋วอยู่ที่ไหนครับ/คะ

[청 카-이 뚜-아 유- 티- 나이 크랍/카]

· 매표소에 데려다주세요.

ช่วยพาผม/ดิฉันไปที่ช่องขายตั๋ว
หน่อยครับ/ค่ะ

[추-아이 파- 폼/디찬 빠이 티- 청 카-이 뚜-아
너-이 크랍/카]

· 번호표를 뽑고 기다리세요.

กรุณากดบัตรคิวและรอครับ/ค่ะ

[까루나- 꼿 밧 키우 래 러- 크랍/카]

## 24 예매하다

จองตั๋ว

[쩌-ㅇ 뚜-아]

· 인터넷으로 예매했어요.

จองตั๋วไว้ทางอินเตอร์เน็ตครับ/ค่ะ

[쩌-ㅇ 뚜-아 와이 타-ㅇ 인뜨ㅓ-넷 크랍/카]

· 예매를 아직 안 했어요.     ยังไม่ได้จองตั๋วไว้ครับ/ค่ะ
[양 마이 다이 쩌-ㅇ 뚜-아 와이 크랍/카]

· 어디에서 예매해야 하나요?     ต้องจองตั๋วที่ไหนครับ/คะ
[떠-ㅇ 쩌-ㅇ 뚜-아 티- 나이 크랍/카]

· 침대칸으로 두 명 예약하고 싶어요.     อยากจองตู้นอนสำหรับสองคน
ครับ/ค่ะ
[야-ㄱ 쩌-ㅇ 뚜- 너-ㄴ 쌈랍 써-ㅇ 콘 크랍/카]

· 몇 시 표를 예매하고 싶으세요?     อยากจองตั๋วเวลาไหนครับ/คะ
[야-ㄱ 쩌-ㅇ 뚜-아 웨-ㄹ라- 나이 크랍/카]

---

## 25 좌석

ที่นั่ง
[티- 낭]

---

· 1등 칸을 원하세요?
2등 칸을 원하세요?     ต้องการชั้น 1 หรือชั้น 2 ครับ/คะ
[떠-ㅇ까-ㄴ 찬 능 르- 찬 써-ㅇ 크랍/카]

· 창가 좌석을 주세요.     ขอที่นั่งริมหน้าต่างครับ/ค่ะ
[커- 티- 낭 림 나- 따-ㅇ 크랍/카]

· 복도 좌석을 주세요.     ขอที่นั่งริมทางเดินครับ/ค่ะ
[커- 티- 낭 림 타-ㅇ 드ㅓ-ㄴ 크랍/카]

· 좌석번호가 몇번인가요?     เลขที่นั่งเท่าไรครับ/คะ
[레-ㄱ 티- 낭 타오라이 크랍/카]

## 26 침대

เตียง
[띠-앙]

· 1등석 침대칸으로 주세요.
ขอตู้นอนชั้น 1 ครับ/ค่ะ
[커-뚜-너-ㄴ 찬 능 크랍/카]

· 1등석 침대칸의 위층
  침대로 주세요.
ขอเตียงบนของตู้นอนชั้น 1 ครับ/ค่ะ
[커-띠-앙 본 커-ㅇ 뚜-너-ㄴ 찬 능 크랍/카]

· 1등석 침대칸의 아래층
  침대로 주세요.
ขอเตียงล่างของตู้นอนชั้น 1 ครับ/ค่ะ
[커-띠-앙 라-ㅇ 커-ㅇ 뚜-너-ㄴ 찬 능 크랍/카]

· 2등석 침대칸으로 주세요.
ขอตู้นอนชั้น 2 ครับ/ค่ะ
[커-뚜-너-ㄴ 찬 써-ㅇ 크랍/카]

## 27 표 가격

ราคาตั๋ว
[라-카- 뚜-아]

· 표 가격은 얼마인가요?
ราคาตั๋วเท่าไรครับ/คะ
[라-카- 뚜-아 타오라이 크랍/카]

· 3등석 좌석칸은 얼마인가요?
ราคาตั๋วชั้น 3 เท่าไรครับ/คะ
[라-카- 뚜-아 찬 써-ㅁ 타오라이 크랍/카]

· 2등석 침대칸은요?
ตู้นอนชั้น 2 ล่ะครับ/คะ
[뚜-너-ㄴ 찬 써-ㅇ 라 크랍/카]

· 1등석 침대칸은 얼마인가요?    ตู้นอนชั้น 1 เท่าไรครับ/คะ
[뚜- 너-ㄴ 찬 능 타오라이 크랍/카]

· 신용카드가 되나요?    จ่ายบัตรเครดิตได้ไหมครับ/คะ
[짜-이 밧 크레-딧 다이 마이 크랍/카]

· 현금이 없어요.    ไม่มีเงินสดครับ/ค่ะ
[마이 미- 응원 쏫 크랍/카]

## 28 편도 →   เที่ยวเดียว
[티-아우 디-아우]

· 편도로 두 장 주세요.    ขอตั๋วเที่ยวเดียวสองใบครับ/ค่ะ
[커- 뚜-아 티-아우 디-아우 써-ㅇ 바이 크랍/카]

· 이것이 편도 표 맞나요?    อันนี้ใช่ตั๋วเที่ยวเดียวหรือครับ/คะ
[안 니- 차이 뚜-아 티-아우 디-아우 르- 크랍/카]

· 이것은 편도 표가 아니에요.    อันนี้ไม่ใช่ตั๋วเที่ยวเดียวครับ/ค่ะ
[안 니- 마이 차이 뚜-아 티-아우 디-아우
크랍/카]

## 29 왕복 🔁

ไปกลับ
[빠이 끌랍]

· 왕복으로 한 장 주세요.

ขอตั๋วไปกลับใบหนึ่งครับ/ค่ะ
[커- 뚜아 빠이 끌랍 바이 능 크랍/카]

· 이것이 왕복표가 맞나요?

อันนี้ใช่ตั๋วไปกลับหรือครับ/คะ
[안 니- 차이 뚜아 빠이 끌랍 르- 크랍/카]

· 이것은 왕복표가 아니에요.

อันนี้ไม่ใช่ตั๋วไปกลับครับ/ค่ะ
[안 니- 마이 차이 뚜아 빠이 끌랍 크랍/카]

· 왕복표로 바꿀 수 있나요?

เปลี่ยนเป็นตั๋วไปกลับได้ไหมครับ/คะ
[쁠리-안 뻰 뚜아 빠이 끌랍 다이 마이 크랍/카]

택시
&
기차

---

🏯 **태국 더 알기!**  **태국 택시 앱 Grab**

동남아시아에서 가장 활성화된 택시 앱으로는 그랩
(Grab)이 있습니다. 택시 앱이라고는 하지만, 일반
차량의 차주가 서비스를 제공하는 경우가 더 많습
니다. 그 뿐만 아니라, 이 앱을 통해 오토바이 택시
서비스도 이용할 수 있습니다. 특히 방콕은 교통
체증이 매우 심해서 많은 사람이 오토바이 택시도
자주 이용합니다. 앱을 이용하면 잘 모르는 길을
태국어로 설명하지 않더라도 지도에 나타난 출발지
와 목적지로 기사가 찾아가 주기 때문에 익숙하지 않은 여행지에서 보다 쉽게 길을
찾아갈 수 있습니다.

# 위급상황

필요한 단어! **T 04-03**

| 01 | 창문 | หน้าต่าง<br>[นา-ต่า-ง] |
| 02 | 차 문 | ประตูรถ<br>[ปราตู- รด] |
| 03 | 돌아가다 | วนไป<br>[워-ㄴ 빠이] |
| 04 | 분실하다 | ทำหาย<br>[탐 하-이] |
| 05 | 표 | ตั๋ว<br>[뚜-아] |
| 06 | 잘못 타다 | ขึ้นผิด<br>[큰 핏] |

# 빨리 찾아

· 창문 쪽으로 주세요.

ขอที่นั่งริมหน้าต่างครับ/ค่ะ
[커- 티- 낭 림 나- 따-ㅇ 크랍/카]

· 차문을 다시 세게 닫아주세요.

กรุณาปิดประตูรถแรง ๆ
อีกครั้งครับ/ค่ะ
[까루나- 삣 쁘라뚜- 롯 랭 래-ㅇ
이-ㄱ 크랑 크랍/카]

· 돌아가는 것 같아요.

สงสัยกำลังวนไปอยู่ครับ/ค่ะ
[쏭싸이 깜랑 원 빠이 유- 크랍/카]

· 계속 빙빙 돌아가는 것 같아요.

สงสัยกำลังวนไปวนมาอยู่ครับ/ค่ะ
[쏭싸이 깜랑 원 빠이 원 마- 유- 크랍/카]

· 표를 분실했어요.

ทำตั๋วหายครับ/ค่ะ
[탐 뚜-아 하-이 크랍/카]

· 가방을 분실했어요.

ทำกระเป๋าหายครับ/ค่ะ
[탐 끄라빠오 하-이 크랍/카]

· 표를 잘못 샀어요.

ซื้อตั๋วผิดครับ/ค่ะ
[쓰- 뚜-아 핏 크랍/카]

· 기차를 잘못 탔어요.

ขึ้นรถไฟผิดขบวนครับ/ค่ะ
[큰 롯 퐈이 핏 카부-안 크랍/카]

· 버스를 잘못 탔어요.

ขึ้นรถเมล์ผิดคันครับ/ค่ะ
[큰 롯메- 핏 칸 크랍/카]

ต้องเดินออกไป
และเรียกที่ถนนใหญ่ค่ะ

큰길로 나가서
잡으셔야 해요.

헉!

## 망설이지 말자!
อย่าลังเลเลย

택시는 어디에 있나요?
**แท็กซี่อยู่ที่ไหนคะ**
[택씨- 유- 티- 나이 카]

치앙마이 가는 티켓을 한 장 주세요.
**ขอตั๋วไปเชียงใหม่ใบหนึ่งค่ะ**
[커- 뚜어- 아 빠이 치-앙마이 바이 능 카]

죄송합니다만, 저는 잔돈이 없어요.
**ขอโทษค่ะ ดิฉันไม่มีเงินย่อยค่ะ**
[커-토-ㅅ 카, 디찬 마이 미- 응인 여-이 카]

# PART 05

# 차량 렌트와
# 투어 예약하기

# 차량 렌트 &투어 예약

많은 단어를 알 필요 없다
왜? 말할 게 뻔하니까!

T 05-01

| 01 | 여권 | หนังสือเดินทาง |
| | | [낭쓰- 드ㅓ-ㄴ타-ㅇ] |
| 02 | 렌트하다 | เช่า |
| | | [차오] |
| 03 | 운전면허증 | ใบขับขี่ |
| | | [바이 캅 키-] |
| 04 | 렌트 비용 | ค่าเช่า |
| | | [카- 차오] |
| 05 | 헬멧 | หมวกกันน็อค |
| | | [무악 깐 넉] |
| 06 | 보증금 | ค่ามัดจำ |
| | | [카- 맛짬] |
| 07 | 종류 | แบบ |
| | | [배-ㅂ] |
| 08 | 주유하다 | เติมน้ำมัน |
| | | [뜨ㅓ-ㅁ 남만] |
| 09 | ~하는 법을 알고 싶어요 | อยากทราบวิธี... |
| | | [야-ㄱ 싸-ㅂ 위티-....] |
| 10 | 4인승 차 | รถสำหรับ 4 คน |
| | | [롯 쌈랍 씨- 콘] |
| 11 | 차 브랜드 | ยี่ห้อรถ |
| | | [이-허- 롯] |

| | | |
|---|---|---|
| 12 | 얼마나 | เท่าไร [타오라이] |
| 13 | 차를 반납하다 | คืนรถ [크-ㄴ 롯] |
| 14 | 보험 | ประกัน [쁘라깐] |
| 15 | 투어 | ทัวร์ [투-아] |
| 16 | 투어를 예약하다 | จองทัวร์ [쩌-ㅇ 투-아] |
| 17 | 1박2일 | 2 วัน 1 คืน [써-ㅇ 완 능 크-ㄴ] |
| 18 | 포함하다 | รวม [루-암] |
| 19 | 투어 일정 | โปรแกรม [쁘로-끄래-ㅁ] |
| 20 | 투어 비용 | ราคาทัวร์ [라-카- 투-아] |
| 21 | 가이드 | ไกด์ [까이] |
| 22 | 출발하다 | ออกเดินทาง [어-ㄱ 드ㅓ-ㄴ타-ㅇ] |

렌트 & 투어

# 빨리 찾아 \; 읽으세요! **T 05-02**

## 01 여권

**หนังสือเดินทาง**
[낭쓰- 드 ㅓ-ㄴ타-ㅇ]

· 여권을 보여주세요.
**ขอดูหนังสือเดินทางหน่อยครับ/ค่ะ**
[커- 두- 낭쓰- 드 ㅓ-ㄴ타-ㅇ 너-이 크랍/카]

· 여권을 맡겨주세요.
**ต้องฝากหนังสือเดินทางไว้ครับ/ค่ะ**
[떠-ㅇ 퐈-ㄱ 낭쓰- 드 ㅓ-ㄴ타-ㅇ 와이 크랍/카]

· 여권을 숙소에 두고 왔어요.
**ลืมหนังสือเดินทางไว้ในห้องพัก
ครับ/ค่ะ**
[르-ㅁ 낭쓰- 드 ㅓ-ㄴ타-ㅇ 와이 나이 허-ㅇ 팍
크랍/카]

· 여권이 필요한가요?
**ต้องใช้หนังสือเดินทางไหมครับ/คะ**
[떠-ㅇ 차이 낭쓰- 드 ㅓ-ㄴ타-ㅇ 마이 크랍/카]

## 02 렌트하다

**เช่า**
[차오]

· 오토바이를 빌리고 싶어요.
**อยากเช่ามอเตอร์ไซค์ครับ/ค่ะ**
[야-ㄱ 차오 머-뜨ㅓ-싸이 크랍/카]

· 스쿠터를 빌리고 싶어요.
**อยากเช่าสกู๊ตเตอร์ครับ/ค่ะ**
[야-ㄱ 차오 싸꾸-ㅅ뜨ㅓ- 크랍/카]

· 자동차를 빌리고 싶어요.
**อยากเช่ารถครับ/ค่ะ**
[야-ㄱ 차오 롯 크랍/카]

· 골프 카트를 빌리고 싶어요.

อยากเช่ารถกอล์ฟครับ/ค่ะ
[야-ㄱ 차오 롯 꺼-ㅂ 크랍/카]

· 어디에서 오토바이를
빌릴 수 있나요?

เช่ามอเตอร์ไซค์ได้ที่ไหนครับ/คะ
[차오 머-뜨ㅓ-싸이 다이 티- 나이 크랍/카]

## 03 운전면허증 📇

ใบขับขี่
[바이 캅 키-]

· 운전면허증을 보여주세요.

ขอดูใบขับขี่ครับ/ค่ะ
[커- 두- 바이 캅 키- 크랍/카]

· 운전면허증을 맡겨주세요.

ต้องฝากใบขับขี่ไว้ครับ/ค่ะ
[떠-ㅇ 퐈-ㄱ 바이 캅 키- 와이 크랍/카]

· 국제면허증이 필요한가요?

ต้องมีใบขับขี่สากลไหมครับ/คะ
[떠-ㅇ 미- 바이 캅 키- 싸-꼰 마이 크랍/카]

## 04 렌트 비용

ค่าเช่า
[카- 차오]

· 하루 빌리는데 얼마인가요?

ค่าเช่าสำหรับหนึ่งวันเท่าไรครับ/คะ
[카- 차오 쌈랍 능 완 타오라이 크랍/카]

· 3일 빌리는데 얼마인가요?

ค่าเช่าสำหรับสามวันเท่าไรครับ/คะ
[카- 차오 쌈랍 싸-ㅁ 완 타오라이 크랍/카]

## 05 헬멧

หมวกกันน็อค
[무-악 깐 넉]

· 헬멧이 너무 작아요.

หมวกกันน็อคเล็กเกินไปครับ/ค่ะ
[무-악 깐 넉 렉 끄ㅓ-ㄴ 빠이 크랍/카]

· 헬멧이 너무 커요.

หมวกกันน็อคหลวมเกินไปครับ/ค่ะ
[무-악 깐 넉 루-암 끄ㅓ-ㄴ 빠이 크랍/카]

## 06 보증금

ค่ามัดจำ
[카- 맛짬]

· 보증금을 내야 하나요?

ต้องจ่ายค่ามัดจำไหมครับ/คะ
[떠-ㅇ 짜-이 카- 맛짬 마이 크랍/카]

· 보증금은 얼마인가요?

ค่ามัดจำเท่าไรครับ/คะ
[카- 맛짬 타오라이 크랍/카]

## 07 종류

แบบ
[배-ㅂ]

· 어떤 종류의 오토바이를
  빌리기 원하세요?

ต้องการเช่ามอเตอร์ไซค์แบบไหน
ครับ/คะ
[떠-ㅇ까-ㄴ 차오 머-뜨ㅓ-싸이 배-ㅂ 나이
크랍/카]

· 어떤 종류의 차를 빌리기
원하세요?

ต้องการเช่ารถแบบไหนครับ/คะ

[떠-ㅇ까-ㄴ 차오 롯 배-ㅂ 나이 크랍/카]

· 세단을 빌리고 싶어요.

อยากเช่ารถเก๋งครับ/ค่ะ

[야-ㄱ 차오 롯 께-ㅇ 크랍/카]

· 당신이 추천해주세요.

ช่วยแนะนำให้หน่อยครับ/ค่ะ

[추-아이 내남 하이 너-이 크랍/카]

## 08 주유하다

เติมน้ำมัน

[뜨ㅓ-ㅁ 남만]

· 주유소는 어디인가요?

ปั๊มน้ำมันอยู่ที่ไหนครับ/คะ

[빰 남만 유- 티- 나이 크랍/카]

· 기름은 1ℓ에 얼마인가요?

น้ำมันลิตรละเท่าไรครับ/คะ

[남만 릿 라 타오라이 크랍/카]

· 근처에 주유소가 있나요?

แถวนี้มีปั๊มน้ำมันไหมครับ/คะ

[태-우 니- 미- 빰 남만 마이 크랍/카]

## 09 ~하는 법을
알고 싶어요

อยากทราบวิธี...

[야-ㄱ 싸-ㅂ 위티-....]

· 시동 거는 법을 알고싶어요.

อยากทราบวิธีสตาร์ทรถครับ/ค่ะ

[야-ㄱ 싸-ㅂ 위티- 싸따-ㅅ 롯 크랍/카]

· 라이트 켜는 법을 알고싶어요.

อยากทราบวิธีเปิดไฟหน้ารถ
ครับ/ค่ะ

[야-ㄱ 싸-ㅂ 위티- 쁘ㅓ-ㅅ 퐈이 나-롯 크랍/카]

## 10 4인승 차 🚗

**รถสำหรับ 4 คน**
[롯 쌈랍 씨- 콘]

· 4인승 차로 빌리고 싶어요.
**อยากเช่ารถสำหรับ 4 คนครับ/ค่ะ**
[야-ㄱ 차오 롯 쌈랍 씨- 콘 크랍/카]

· 7인승 차로 빌리고 싶어요.
**อยากเช่ารถสำหรับ 7 คนครับ/ค่ะ**
[야-ㄱ 차오 롯 쌈랍 쩻 콘 크랍/카]

· 기사가 있는 차로 렌트
하실 건가요?
**จะเช่ารถพร้อมคนขับไหมครับ/คะ**
[짜 차오 롯 프러-ㅁ 콘 캅 마이 크랍/카]


## 11 차 브랜드 🚙

**ยี่ห้อรถ**
[이-허- 롯]

· 어떤 브랜드 차를 빌리고
싶으세요?
**อยากเช่ารถยี่ห้อไหนครับ/คะ**
[야-ㄱ 차오 롯 이-허- 나이 크랍/카]

· 어떤 브랜드가 가장 좋나요?
**ยี่ห้อไหนดีที่สุดครับ/คะ**
[이-허- 나이 디- 티- 쑷 크랍/카]

· 여기 어떤 종류의 오토바이가
있나요?
**ที่นี่มีมอเตอร์ไซค์แบบไหนบ้าง
ครับ/คะ**
[티- 니- 미- 머-뜨ㅓ-싸이 배-ㅂ 나이 바-ㅇ
크랍/카]


## 12 얼마나 📅

**เท่าไร**
[타오라이]

· 얼나마 오래 빌리실 거예요?

จะเช่านานเท่าไรครับ/คะ

[짜 차오 나-ㄴ 타오라이 크랍/카]

· 저는 일주일 빌리고 싶어요.

ผม/ดิฉันอยากเช่าอาทิตย์หนึ่ง
ครับ/ค่ะ

[폼/디찬 야-ㄱ 차오 아-팃 능 크랍/카]

## 13 차를 반납 하다

คืนรถ

[크-ㄴ 롯]

· 차 반납은 언제까지 해야
하나요?

ต้องคืนรถเมื่อไรครับ/คะ

[떠-ㅇ 크-ㄴ 롯 므-아라이 크랍/카]

· 차 반납은 어디로 해야
하나요?

ต้องคืนรถที่ไหนครับ/คะ

[떠-ㅇ 크-ㄴ 롯 티- 나이 크랍/카]

· 하루 늦게 반납해도 되나요?

คืนรถช้าหนึ่งวันจะได้ไหมครับ/คะ

[크-ㄴ 롯 차- 능 완 짜 다이 마이 크랍/카]

## 14 보험

ประกัน

[쁘라깐]

· 보험에 가입하고 싶어요.

อยากทำประกันครับ/ค่ะ

[야-ㄱ 탐 쁘라깐 크랍/카]

· 보험에 가입해야만 하나요?

จำเป็นต้องทำประกันไหมครับ/คะ

[짬뻰 떠-ㅇ 탐 쁘라깐 마이 크랍/카]

· 보험료는 얼마인가요?

เบี้ยประกันเท่าไรครับ/คะ

[비-아 쁘라깐 타오라이 크랍/카]

## 15 투어

ทัวร์
[투-아]

---

· 고산족 마을 투어를 알아보고
  있어요.

กำลังหาทัวร์เที่ยวหมู่บ้านชาวเขาอยู่
ครับ/ค่ะ

[깜랑 하- 투-아 티-아우 무-바-ㄴ 차-우 카오 유-
크랍/카]

· 코끼리 트레킹 투어가 있나요?

มีทัวร์ขี่ช้างไหมครับ/คะ

[미- 투-아 키- 차-ㅇ 마이 크랍/카]

· 섬 투어가 있나요?

มีทัวร์เที่ยวเกาะไหมครับ/คะ

[미- 투-아 티-아우 꺼 마이 크랍/카]

· 반나절 투어가 있나요?

มีทัวร์ครึ่งวันไหมครับ/คะ

[미- 투-아 크룽 완 마이 크랍/카

## 16 투어를
예약하다

จองทัวร์
[쩌-ㅇ 투-아]

---

· 고산족 마을 투어를 예약하고
  싶어요.

อยากจองทัวร์เที่ยวหมู่บ้านชาวเขา
ครับ/ค่ะ

[야-ㄱ 쩌-ㅇ 투-아 티-아우 무-바-ㄴ 차-우 카오
크랍/카]

· 코끼리 트레킹 투어를
  예약하고 싶어요.

อยากจองทัวร์ขี่ช้างครับ/ค่ะ

[야-ㄱ 쩌-ㅇ 투-아 키- 차-ㅇ 크랍/카]

· 투어 예약은 어디에서 하나요? จองทัวร์ได้ที่ไหนครับ/คะ
[쩌-ㅇ 투-아 다이 티- 나이 크랍/카]

· 저는 인터넷으로 투어를 예약했어요. ผม/ดิฉันจองทัวร์ไว้ทางอินเตอร์เน็ตครับ/ค่ะ
[폼/디찬 쩌-ㅇ 투-아 와이 타-ㅇ 인뜨ㅓ-넷 크랍/카]

## 17 1박 2일

2 วัน 1 คืน
[써-ㅇ 완 능 크-ㄴ]

· 반나절 ครึ่งวัน
[크릉 완]

· 하루 หนึ่งวัน
[능 완]

· 1박 2일 2 วัน 1 คืน
[써-ㅇ 완 능 크-ㄴ]

렌트 & 투어

## 18 포함하다

รวม
[루-암]

· 투어에는 무엇이 포함되어 있나요? ในทัวร์รวมอะไรบ้างครับ/คะ
[나이 투-아 루-암 아라이 바-ㅇ 크랍/카]

· 투어에는 식사가 포함되어 있나요? มีอาหารรวมอยู่ในทัวร์ไหมครับ/คะ
[미- 아-하-ㄴ 루-암 유- 나이 투-아 마이 크랍/카]

## 19 투어 일정

โปรแกรม
[쁘로-끄래-ㅁ]

· 투어 일정은 어떻게 되나요?

มีโปรแกรมทัวร์อะไรบ้างครับ/คะ
[미- 쁘로-끄래-ㅁ 투-아 아라이 바-ㅇ 크랍/카]

· 투어 일정을 선택할 수
있나요?

เลือกโปรแกรมทัวร์ได้ไหมครับ/คะ
[르-악 쁘로-끄래-ㅁ 투-아 다이 마이 크랍/카]

· 투어 일정에 어떤 활동이
있나요?

ในโปรแกรมทัวร์มีกิจกรรม
อะไรบ้างครับ/คะ
[나-이 쁘로-끄래-ㅁ 투-아 미- 낏짜깜
아라이 바-ㅇ 크랍/카]


## 20 투어 비용

ราคาทัวร์
[라-카- 투-아]

· 투어 비용은 어떻게 되나요?

ราคาทัวร์เท่าไรครับ/คะ
[라-카- 투-아 타오라이 크랍/카]

· 어린이 투어 비용은 어떻게
되나요?

ทัวร์สำหรับเด็กราคาเท่าไรครับ/คะ
[투-아 쌈랍 덱 라-카- 타오라이 크랍/카]

· 총 비용은 얼마인가요?

รวมทั้งหมดเท่าไรครับ/คะ
[루-암 탕 못 타오라이 크랍/카]

## 21 가이드

ไกด์
[까이]

· 가이드가 있나요?

มีไกด์ไหมครับ/คะ
[미- 까이 마이 크랍/카]

· 영어가 가능한 가이드가 있나요?

มีไกด์ที่พูดภาษาอังกฤษเป็นไหมครับ/คะ
[미- 까이 티- 푸-ㅅ 파-싸- 앙끄릿 뻰 마이 크랍/카]

· 한국어가 가능한 가이드가 있나요?

มีไกด์ที่พูดภาษาเกาหลีเป็นไหนครับ/คะ
[미- 까이 티- 푸-ㅅ 파-싸- 까올리- 뻰 마이 크랍/카]

## 22 출발하다

ออกเดินทาง
[어-ㄱ 드ㅓ-ㄴ타-ㅇ]

· 어디에서 출발하나요?

จะออกเดินทางจากที่ไหนครับ/คะ
[짜 어-ㄱ 드ㅓ-ㄴ타-ㅇ 짜-ㄱ 티- 나-이 크랍/카]

· 출발은 몇 시인가요?

จะออกเดินทางกี่โมงครับ/คะ
[짜 어-ㄱ 드ㅓ-ㄴ타-ㅇ 끼- 모-ㅇ 크랍/카]

· 호텔 픽업 서비스가 있나요?

มีบริการมารับที่โรงแรมไหมครับ/คะ
[미- 버-리까-ㄴ 마- 랍 티- 로-ㅇ래-ㅁ 마이 크랍/카]

· 픽업 시간은 몇 시인가요?

จะมารับกี่โมงครับ/คะ
[짜 마- 랍 끼- 모-ㅇ 크랍/카]

# 위급상황

| | | |
|---|---|---|
| 01 | 사고 나다 | เกิดอุบัติเหตุ [끄ㅓ-ㅅ 우밧띠헤-ㅅ] |
| 02 | 잃어버리다 | ทำหาย [탐 하-이] |
| 03 | 차를 확인하다 | เช็คสภาพรถ [첵 싸파-ㅂ 롯] |
| 04 | 바꾸다 | เปลี่ยน [쁠리-안] |
| 05 | (탈 것을)놓치다 | ตก [똑] |
| 06 | 취소하다 | ยกเลิก [욕르ㅓ-ㄱ] |

# 빨리 찾아

· 접촉 사고가 났어요.

เกิดอุบัติเหตุรถชนครับ/ค่ะ

[끄ㅓ-ㅅ 우밧띠헤-ㅅ 롯 촌 크랍/카]

· 오토바이를 잃어버렸어요.

ทำมอเตอร์ไซค์หายครับ/ค่ะ

[탐 머-뜨ㅓ-싸이 하-이 크랍/카]

· 오토바이 키를 잃어버렸어요.

ทำกุญแจมอเตอร์ไซค์หายครับ/ค่ะ

[탐 꾼째- 머-뜨ㅓ-싸이 하-이 크랍/카]

· 여행 티켓을 잃어버렸어요.

ทำตั๋วท่องเที่ยวหายครับ/ค่ะ

[탐 뚜-아 터-ㅇ티-아우 하-이 크랍/카]

· 차 상태를 확인할게요.

ขอเช็คสภาพรถนะครับ/คะ

[커- 첵 싸파-ㅂ 롯 나 크랍/카]

· 다른 오토바이로 바꿔주세요.

ขอเปลี่ยนมอเตอร์ไซค์เป็นคันอื่น
ครับ/ค่ะ

[커- 쁠리-안 머-뜨ㅓ-싸이 뻰 칸 으-ㄴ 크랍/카]

· 다른 차로 바꿔주세요.

ขอเปลี่ยนรถเป็นคันอื่นครับ/ค่ะ

[커- 쁠리-안 롯 뻰 칸 으-ㄴ 크랍/카]

· 버스를 놓쳤어요.

ตกรถเมล์แล้วครับ/ค่ะ

[똑 롯메- 래-우 크랍/카]

· 기차를 놓쳤어요.

ตกรถไฟแล้วครับ/ค่ะ

[똑 롯 퐈이 래-우 크랍/카]

· 오늘 일정을 취소하고 싶어요.

อยากจะยกเลิกโปรแกรมของวันนี้
ครับ/ค่ะ

[야-ㄱ 짜 욕르ㅓ-ㄱ 쁘로-끄래-ㅁ 커-ㅇ 완 니-
크랍/카]

실제상황 태국어 T 05-05

안녕하세요!
오토바이를 빌리려고요.

ค่าเช่าสำหรับสองวันเท่าไรคะ

이틀 빌리는 데 얼마예요?

500 บาทครับ

500바트예요.

내가 태국에서
오토바이를 타고 있다니!

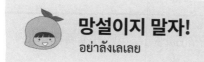

## 망설이지 말자!
อย่าลังเลเลย

300바트 넣어주세요.

### เติม 300 บาทค่ะ

[뜨ㅓ-ㅁ 싸ㆍㅁ 러ㆍ이 바ㅅ 카]

추천해주실만한 투어가 있나요?

### มีทัวร์ที่จะแนะนำให้ไหมคะ

[미- 투ㆍ아 티- 짜 내남 하이 마이 카]

렌트
&
투어

# PART 06
# 호텔에서

# 🏨 호텔에서

| 01 | 로비 | ล็อบบี้ |
| | | [롭비-] |
| 02 | 예약하다 | จอง |
| | | [쩌-ㅇ] |
| 03 | 체크인 | เช็คอิน |
| | | [첵인] |
| 04 | 얼마 | เท่าไร |
| | | [타오라이] |
| 05 | 조식 | อาหารเช้า |
| | | [아-하-ㄴ 차오] |
| 06 | 방 키 | กุญแจห้อง |
| | | [꾼째- 허-ㅇ] |
| 07 | 엘리베이터 | ลิฟท์ |
| | | [립] |
| 08 | 몇 층 | ชั้นไหน |
| | | [찬 나이] |
| 09 | 짐 | กระเป๋า |
| | | [끄라빠오] |
| 10 | 전망 | วิว |
| | | [위우] |
| 11 | 침대 | เตียง |
| | | [띠-양] |

호텔

# 호텔에서

많은 단어를 알 필요 없다
왜? 말할 게 뻔하니까!

# 빨리 찾아

읽으세요 ! `T 06-02`

## 01 로비

ล็อบบี้
[럽비-]

· 로비는 어디인가요?

ล็อบบี้อยู่ที่ไหนครับ/คะ
[럽비- 유- 티- 나이 크랍/카]

· 로비를 못 찾겠어요.

หาล็อบบี้ไม่เจอครับ/ค่ะ
[하- 럽비- 마이 쯔ㅓ - 크랍/카]

· 로비로 데려다주세요.

ช่วยพาผม/ดิฉันไปส่งที่ล็อบบี้
หน่อยครับ/ค่ะ
[추-아이 파- 폼/디찬 빠이 쏭 티 럽비-
너-이 크랍/카]

## 02 예약하다

จอง
[쩌-ㅇ]

· 예약했어요.

จองไว้แล้วครับ/ค่ะ
[쩌-ㅇ 와이 래-우 크랍/카]

· 예약을 안 했어요.

ไม่ได้จองไว้ครับ/ค่ะ
[마이 다이 쩌-ㅇ 와이 크랍/카]

· 이 사이트로 예약했어요.

จองผ่านเว็บไซต์นี้ครับ/ค่ะ
[쩌-ㅇ 파-ㄴ 웹싸이 니- 크랍/카]

· 제 이름으로 예약했어요.

จองด้วยชื่อของผมครับ/ดิฉันค่ะ
[쩌-ㅇ 두-아이 츠- 커-ㅇ 폼 크랍/디찬 카]

호텔

## 03 체크인 📝

เช็คอิน
[첵인]

---

· 체크인할게요.

จะเช็คอินนะครับ/คะ
[짜 첵인 나 크랍/카]

· 체크인은 어디에서 하나요?

ทำเรื่องเช็คอินที่ไหนครับ/คะ
[탐 르-앙 첵인 티- 나이 크랍/카]

· 체크인은 몇 시에 하나요?

เช็คอินกี่โมงครับ/คะ
[첵인 끼- 모-ㅇ 크랍/카]

· 체크인하기 전에 짐을 맡아
  주세요.

ขอฝากกระเป๋าก่อนเช็คอินครับ/ค่ะ
[커- 퐈-ㄱ 끄라빠오 꺼-ㄴ 첵인 크랍/카]


## 04 얼마 💰?

เท่าไร
[타오라이]

---

· 1박에 얼마인가요?

คืนละเท่าไรครับ/คะ
[크-ㄴ 라 타오라이 크랍/카]

· 2박에 얼마인가요?

สองคืนเท่าไรครับ/คะ
[써-ㅇ 크-ㄴ 타오라이 크랍/카]

· 할인을 받을 수 있나요?

มีส่วนลดไหมครับ/คะ
[미- 쑤-안 롯 마이 크랍/카]

---

## 05 조식

อาหารเช้า
[아-하-ㄴ 차오]

· 몇 시부터 조식을 먹을 수 있나요?
ทานอาหารเช้าได้ตั้งแต่กี่โมงครับ/คะ
[타-ㄴ 아-하-ㄴ 차오 다이 땅때- 끼- 모-ㅇ 크랍/카]

· 조식은 몇 시까지 하나요?
ทานอาหารเช้าได้ถึงกี่โมงครับ/คะ
[타-ㄴ 아-하-ㄴ 차오 다이 틍 끼- 모-ㅇ 크랍/카]

· 조식은 어디에서 먹나요?
ทานอาหารเช้าได้ที่ไหนครับ/คะ
[타-ㄴ 아-하-ㄴ 차오 다이 티- 나이 크랍/카]

· 조식을 포함하면 얼마인가요?
ถ้ารวมอาหารเช้าเท่าไรครับ/คะ
[타- 루-암 아-하-ㄴ 차오 타오라이 크랍/카]

## 06 방 키

กุญแจห้อง
[꾼째- 허-ㅇ]

· 방 키를 하나 더 주세요.
ขอกุญแจห้องเพิ่มอีกดอกครับ/ค่ะ
[커- 꾼째- 허-ㅇ 프ㅓ-ㅁ 이-ㄱ 더-ㄱ 크랍/카]

· 방 키가 없어졌어요.
กุญแจห้องหายไปแล้วครับ/ค่ะ
[꾼째- 허-ㅇ 하-이 빠이 래-우 크랍/카]

· 키를 방에 두고 왔어요.
ลืมกุญแจห้องไว้ในห้องครับ/ค่ะ
[르-ㅁ 꾼째- 허-ㅇ 와이 나이 허-ㅇ 크랍/카]

· 방 키가 안 돼요.
กุญแจห้องไขไม่ออกครับ/ค่ะ
[꾼째- 허-ㅇ 카이 마이 어-ㄱ 크랍/카]

· 방 키를 좀 맡아주세요.
ขอฝากกุญแจห้องหน่อยครับ/ค่ะ
[커- 퐈-ㄱ 꾼째- 허-ㅇ 너-이 크랍/카]

## 07 엘리베이터 🗑

ลิฟท์
[립]

- 엘리베이터는 어디에 있나요?    ลิฟท์อยู่ที่ไหนครับ/คะ
[립 유- 티- 나이 크랍/카]

- 엘리베이터 문이 안 열려요.    ประตูลิฟท์ไม่เปิดครับ/ค่ะ
[쁘라뚜- 립 마이 쁘ㅓ-ㅅ 크랍/카]

- 1층 버튼은 어떤 건가요?    ปุ่มไหนคือชั้น 1 ครับ/คะ
[뿜 나이 크- 찬 능 크랍/카]


## 08 몇 층 📶

ชั้นไหน
[찬 나이]

- 제 방은 몇 층인가요?    ห้องผม/ดิฉันอยู่ชั้นไหนครับ/คะ
[허-ㅇ 폼/디찬 유- 찬 나이 크랍/카]

- 자판기는 몇 층에 있나요?    ตู้ขายสินค้าอยู่ชั้นไหนครับ/คะ
[뚜- 카-이 씬카- 유- 찬 나이 크랍/카]

- 수영장은 몇 층에 있나요?    สระว่ายน้ำอยู่ชั้นไหนครับ/คะ
[싸 와-이 나-ㅁ 유- 찬 나이 크랍/카]

- 헬스장은 몇 층에 있나요?    ห้องฟิตเนสอยู่ชั้นไหนครับ/คะ
[허-ㅇ 핏네-ㅅ 유- 찬 나이 크랍/카]

- 스파숍은 몇 층에 있나요?    ร้านสปาอยู่ชั้นไหนครับ/คะ
[라-ㄴ 싸빠- 유- 찬 나이 크랍/카]

· 1층에 있어요.

อยู่ชั้น 1 ครับ/ค่ะ
[유- 찬 능 크랍/카]

· 2층에 있어요.

อยู่ชั้น 2 ครับ/ค่ะ
[유- 찬 써-ㅇ 크랍/카]

· 3층에 있어요.

อยู่ชั้น 3 ครับ/ค่ะ
[유- 찬 싸-ㅁ 크랍/카]

· 4층에 있어요.

อยู่ชั้น 4 ครับ/ค่ะ
[유- 찬 씨- 크랍/카]

## 09 짐

กระเป๋า
[끄라빠오]

· 짐을 맡길 수 있나요?

ฝากกระเป๋าได้ไหมครับ/คะ
[퐈-ㄱ 끄라빠오 다이 마이 크랍/카]

· 짐을 올려 주실 수 있나요?

ช่วยส่งกระเป๋าถึงที่ห้องได้ไหม
ครับ/คะ
[추-아이 쏭 끄라빠오 틍 티- 허-ㅇ 다이 마이
크랍/카]

· 이것은 제 짐이 아니에요.

อันนี้ไม่ใช่กระเป๋าของผมครับ
/ดิฉันค่ะ
[안 니- 마이 차이 끄라빠오 커-ㅇ 폼 크랍
/디찬 카]

· 제 짐을 찾아주세요.

ช่วยหากระเป๋าของผม/ดิฉัน
ให้หน่อยครับ/ค่ะ
[추-아이 하- 끄라빠오 커-ㅇ 폼/디찬
하이 너-이 크랍/카]

호텔

## 10 전망 🏔

วิว
[위-우]

· 바다가 보이는 전망으로
  주세요.

ขอห้องวิวทะเลครับ/ค่ะ
[커- 허^-ㅇ 위-우 탈레- 크랍/카^]

· 도심이 보이는 전망으로
  주세요.

ขอห้องวิวตัวเมืองครับ/ค่ะ
[커- 허^-ㅇ 위-우 뚜-아 므-앙 크랍/카^]

· 전망 좋은 방으로 주세요.

ขอห้องที่วิวสวยครับ/ค่ะ
[커- 허^-ㅇ 티^- 위-우 쑤-아이 크랍/카^]

· 전망이 별로예요.

วิวไม่สวยครับ/ค่ะ
[위-우 마^이 쑤-아이 크랍/카^]

## 11 침대 🛏

เตียง
[띠-양]

· 싱글 침대로 주세요.

ขอห้องเตียงเดี่ยวครับ/ค่ะ
[커- 허^-ㅇ 띠-양 디-아우 크랍/카^]

· 더블 침대로 주세요.

ขอห้องเตียงคู่ครับ/ค่ะ
[커- 허^-ㅇ 띠-양 쿠^- 크랍/카^]

· 킹사이즈 침대로 주세요.

ขอเตียง 6 ฟุตครับ/ค่ะ
[커- 띠-양 혹 풋 크랍/카^]

· 킹사이즈 침대 있는 방은
  얼마인가요?

ห้องที่มีเตียง 6 ฟุตเท่าไรครับ/คะ
[허^-ㅇ 티^- 미- 띠-양 혹 풋 타오라이 크랍/카^]

## 12 방

ห้อง
[허-ㅇ]

· 방은 어디인가요?

ห้องอยู่ที่ไหนครับ/คะ
[허-ㅇ 유- 티- 나이 크랍/카]

· 방이 어두워요.

ห้องมืดครับ/ค่ะ
[허-ㅇ 므-ㅅ 크랍/카]

· 방이 너무 밝아요.

ห้องสว่างเกินไปครับ/ค่ะ
[허-ㅇ 싸와-ㅇ 끄ㅓ-ㄴ 빠이 크랍/카]

· 방이 너무 더워요.

ห้องร้อนเกินไปครับ/ค่ะ
[허-ㅇ 러-ㄴ 끄ㅓ-ㄴ 빠이 크랍/카]

· 방에서 냄새가 나요.

ห้องมีกลิ่นครับ/ค่ะ
[허-ㅇ 미- 끌린 크랍/카]

## 13 수건

ผ้าขนหนู
[파- 콘 누-]

· 수건을 더 주세요.

ขอผ้าขนหนูเพิ่มหน่อยครับ/ค่ะ
[커- 파- 콘 누- 프ㅓ-ㅁ 너-이 크랍/카]

· 수건이 없어요.

ไม่มีผ้าขนหนูครับ/ค่ะ
[마이 미- 파- 콘 누- 크랍/카]

· 수건이 더러워요.

ผ้าขนหนูสกปรกครับ/ค่ะ
[파- 콘 누- 쏙까쁘록 크랍/카]

· 큰 수건으로 주세요.

ขอผ้าขนหนูผืนใหญ่ครับ/ค่ะ
[커- 파- 콘 누- 프-ㄴ 야이 크랍/카]

## 14 칫솔 🪥

แปรงสีฟัน
[쁘래-ㅇ 씨- 퐌]

---

· 칫솔이 없어요.

ไม่มีแปรงสีฟันครับ/ค่ะ
[마이 미- 쁘래-ㅇ 씨- 퐌 크랍/카]

· 칫솔을 주세요.

ขอแปรงสีฟันเพิ่มหน่อยครับ/ค่ะ
[커- 쁘래-ㅇ 씨- 퐌 프ㅓ-ㅁ 너-이 크랍/카]

· 부드러운 칫솔이 있나요?

มีแปรงสีฟันขนนุ่มไหมครับ/คะ
[미- 쁘래-ㅇ 씨- 퐌 콘 눔 마이 크랍/카]

· 어린이용 칫솔을 주세요.

ขอแปรงสีฟันสำหรับเด็กครับ/ค่ะ
[커- 쁘래-ㅇ 씨- 퐌 쌈랍 덱 크랍/카]

· 치약을 주세요.

ขอยาสีฟันครับ/ค่ะ
[커- 야- 씨- 퐌 크랍/카]

· 어린이용 치약이 있나요?

มียาสีฟันสำหรับเด็กไหมครับ/คะ
[미- 야- 씨- 퐌 쌈랍 덱 마이 크랍/카]

---

## 15 베개 🛏

หมอน
[머-ㄴ]

---

· 베개를 하나 더 주세요.

ขอหมอนเพิ่มอีกใบหนึ่งครับ/ค่ะ
[커- 머-ㄴ 프ㅓ-ㅁ 이-ㄱ 바이 능 크랍/카]

· 베개가 너무 딱딱해요.

หมอนแข็งเกินไปครับ/ค่ะ
[머-ㄴ 캥 끄ㅓ-ㄴ 빠이 크랍/카]

· 베개가 너무 높아요.　　　หมอนสูงเกินไปครับ/ค่ะ
　　　　　　　　　　　　　[머-ㄴ 쑤-ㅇ 끄ㅓ-ㄴ 빠이 크랍/카]

· 베개가 너무 낮아요.　　　หมอนต่ำเกินไปครับ/ค่ะ
　　　　　　　　　　　　　[머-ㄴ 땀 끄ㅓ-ㄴ 빠이 크랍/카]

· 큰 베개가 있나요?　　　　มีหมอนใบใหญ่ไหมครับ/คะ
　　　　　　　　　　　　　[미- 머-ㄴ 바이 야이 마이 크랍/카]

## 16 드라이기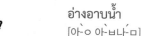
ไดร์เป่าผม
[다이 빠오 폼]

· 드라이기를 주세요.　　　ขอไดร์เป่าผมครับ/ค่ะ
　　　　　　　　　　　　　[커- 다이 빠오 폼 크랍/카]

· 드라이기가 없어요.　　　ไม่มีไดร์เป่าผมครับ/ค่ะ
　　　　　　　　　　　　　[마이 미- 다이 빠오 폼 크랍/카]

· 드라이기가 고장 났어요.　ไดร์เป่าผมเสียแล้วครับ/ค่ะ
　　　　　　　　　　　　　[다이 빠오 폼 씨-아 래-우 크랍/카]

## 17 욕조
อ่างอาบน้ำ
[아-ㅇ 아-ㅂ나-ㅁ]

· 욕조가 더러워요.　　　　อ่างอาบน้ำสกปรกครับ/ค่ะ
　　　　　　　　　　　　　[아-ㅇ 아-ㅂ나-ㅁ 쏙까쁘록 크랍/카]

· 욕조 청소를 해주세요.　　ช่วยทำความสะอาดอ่างอาบน้ำ
　　　　　　　　　　　　ให้หน่อยครับ/ค่ะ
　　　　　　　　　　　　[추-아이 탐 콰-ㅁ 싸아-ㅅ 아-ㅇ 아-ㅂ나-ㅁ
　　　　　　　　　　　　하이 너-이 크랍/카]

· 욕조의 물이 안 빠져요.　　อ่างอาบน้ำตันแล้วครับ/ค่ะ
　　　　　　　　　　　　[아-ㅇ 아-ㅂ나-ㅁ 딴 래-우 크랍/카]

# 18 물 🥤

น้ำ
[나-ㅁ]

· 물이 안 나와요.　　　　น้ำไม่ไหลครับ/ค่ะ
　　　　　　　　　　　　[나-ㅁ 마이 라이 크랍/카]

· 뜨거운 물만 나와요.　　ไหลแต่น้ำร้อนครับ/ค่ะ
　　　　　　　　　　　　[라이 때- 남 러-ㄴ 크랍/카]

· 차가운 물만 나와요.　　ไหลแต่น้ำเย็นครับ/ค่ะ
　　　　　　　　　　　　[라이 때- 남 옌 크랍/카]

· 변기 물이 안 내려가요.　ชักโครกกดไม่ลงครับ/ค่ะ
　　　　　　　　　　　　[착크로-ㄱ 꽃 마이 롱 크랍/카]

# 19 인터넷 📶

อินเตอร์เน็ต
[인뜨ㅓ-넷]

· 인터넷이 안 돼요.　　　ใช้อินเตอร์เน็ตไม่ได้ครับ/ค่ะ
　　　　　　　　　　　　[차이 인뜨ㅓ-넷 마이 다이 크랍/카]

· 인터넷을 할 수 있는 곳은
  어디인가요?

เล่นอินเตอร์เน็ตได้ที่ไหนครับ/คะ
[렌 인뜨ㅓ-넷 다이 티- 나이 크랍/카]

· 와이파이가 안 터져요.

ไม่มีสัญญาณไวไฟครับ/ค่ะ
[마이 미- 싼야-ㄴ 와이퐈이 크랍/카]

## 20 텔레비전

ทีวี
[티-위-]

· 텔레비전이 안 나와요.

เปิดทีวีไม่ได้ครับ/ค่ะ
[쁘ㅓ-ㅅ 티-위- 마이 다이 크랍/카]

· 리모컨이 안 돼요.

รีโมทไม่ทำงานครับ/ค่ะ
[리-모-ㅅ 마이 탐 응아-ㄴ 크랍/카]

· 음량조절을 어떻게 하나요?

ปรับเสียงอย่างไรครับ/คะ
[쁘랍 씨-양 야`ㅇ라이 크랍/카]

· 채널을 어떻게 바꾸나요?

เปลี่ยนช่องทีวีอย่างไรครับ/คะ
[쁠리-안 청 티-위- 야`ㅇ라이 크랍/카]

## 21 청소하다

ทำความสะอาด
[탐 콰-ㅁ 싸아-ㅅ]

· 청소를 해주세요.

ช่วยทำความสะอาดให้หน่อย
ครับ/ค่ะ
[추-아이 탐 콰-ㅁ 싸아-ㅅ 하이 너-이 크랍/카]

호텔

· 방 청소가 안 되어 있어요.     ห้องไม่สะอาดครับ/ค่ะ
[ห้-อ ม่าย ซาอ่า-ส คร้าบ/ค่า]

· 청소는 안 해주셔도 됩니다.     ไม่ต้องทำความสะอาดครับ/ค่ะ
[ม่าย ต้อ-ง ทำ คว๊า-ม ซาอ่า-ส คร้าบ/ค่า]

· 오후에 청소를 해주세요.     ช่วยมาทำความสะอาดตอนบ่ายนะ
ครับ/คะ
[ช่-วย มา ทำ คว๊า-ม ซาอ่า-ส ต่อ-น บ่า-ย นะ
คร้าบ/ค่า]

· 화장실 청소가 안 되어 있어요.     ห้องน้ำไม่สะอาดครับ/ค่ะ
[ห้-อ น๊า-ม ม่าย ซาอ่า-ส คร้าบ/ค่า]

# 22 모닝콜 :☀:👂

โทรปลุก
[โท- ปลุก]

---

· 모닝콜을 해주세요.     ช่วยโทรปลุกตอนเช้าหน่อยครับ/ค่ะ
[ช่-วย โท- ปลุก ต่อ-น ช๊าว น่-อย คร้าบ/ค่า]

· 7시에 모닝콜을 해주세요.     ช่วยโทรปลุกตอน 7 โมงเช้าหน่อย
ครับ/ค่ะ
[ช่-วย โท- ปลุก ต่อ-น เจ็ต โม๊-ง ช๊าว น่-อย
คร้าบ/ค่า]

· 모닝콜을 취소할게요.     ขอยกเลิกใช้บริการโทรปลุกครับ/ค่ะ
[ค่- ยุก เลิ๊-ก ช้าย บ๊า-ริ๊-การ โท- ปลุก
คร้าบ/ค่า]

## 23 룸서비스

รูมเซอร์วิส
[루-ㅁ 쓰ㅓ-윗]

· 룸서비스를 시킬게요.

ขอใช้บริการรูมเซอร์วิสครับ/ค่ะ
[커- 차이 버-리까-ㄴ 루-ㅁ 쓰ㅓ-윗 크랍/카]

· 룸서비스 메뉴를 보고 싶어요.

อยากดูเมนูรูมเซอร์วิสครับ/ค่ะ
[야-ㄱ 두- 메-누- 루-ㅁ 쓰ㅓ-윗 크랍/카]

· 룸서비스로 아침을 가져다
주세요.

กรุณามาส่งอาหารเช้าที่ห้อง
เป็นรูมเซอร์วิสครับ/ค่ะ
[까루나- 마- 쏭 아-하-ㄴ 차오 티- 허-ㅇ
뻰 루-ㅁ 쓰ㅓ-윗 크랍/카]

· 룸서비스로 레드 와인 한 병
가져다주세요.

กรุณามาส่งไวน์แดงขวดหนึ่งที่ห้อง
เป็นรูมเซอร์วิสครับ/ค่ะ
[까루나- 마- 쏭 와이 대-ㅇ 쿠-앗 능 티- 허-ㅇ
뻰 루-ㅁ 쓰ㅓ-윗 크랍/카]


## 24 개인금고

ตู้เซฟ
[뚜- 쎄-ㅂ]

· 개인금고는 어떻게
사용하나요?

ใช้ตู้เซฟอย่างไรครับ/คะ
[차이 뚜- 세-ㅂ 야-ㅇ라이 크랍/카]

· 개인금고가 안 열려요.

เปิดตู้เซฟไม่ได้ครับ/ค่ะ
[쁘ㅓ-ㅅ 뚜- 세-ㅂ 마이 다이 크랍/카]

· 개인금고에 물건이 있어요.

ในตู้เซฟมีของครับ/ค่ะ
[나이 뚜- 세-ㅂ 미- 커-ㅇ 크랍/카]

## 25 세탁하다

ซักผ้า
[싹 파-]

---

· 세탁 서비스를 신청할게요.
ขอใช้บริการซักผ้าครับ/ค่ะ
[커- 차이 버-리까-ㄴ 싹파- 크랍/카]

· 세탁 서비스는 언제 오나요?
จะส่งเสื้อผ้าให้ได้เมื่อไรครับ/คะ
[짜 쏭 쓰-아 파- 하이 다이 므-아라이 크랍/카]

· 세탁물이 망가졌어요.
เสื้อผ้าพังหมดแล้วครับ/ค่ะ
[쓰-아 파- 팡 못 래-우 크랍/카]

## 26 얼음

น้ำแข็ง
[남 캥]

---

· 얼음이 없어요.
ไม่มีน้ำแข็งครับ/ค่ะ
[마이 미- 남 캥 크랍/카]

· 얼음은 어디에서 가져오나요?
ไปเอาน้ำแข็งได้ที่ไหนครับ/คะ
[빠이 아오 남 캥 다이 티- 나이 크랍/카]

## 27 체크아웃

เช็คเอาท์
[첵 아오]

---

· 체크아웃할게요.
ขอเช็คเอาท์ครับ/ค่ะ
[커- 첵 아오 크랍/카]

· 체크아웃은 몇 시인가요?
ต้องเช็คเอาท์กี่โมงครับ/คะ
[떠-ㅇ 첵 아오 끼- 모-ㅇ 크랍/카]

## 28 계산서 🗒

ใบเสร็จ
[바-이 쎗]

· 계산서를 보여주세요.

ขอดูใบเสร็จครับ/ค่ะ
[커- 두- 바-이 쎗 크랍/카]

· 계산서가 틀렸어요.

ใบเสร็จนี้คำนวนผิดครับ/ค่ะ
[바-이 쎗 니- 캄누-안 핏 크랍/카]

## 29 추가하다 ➕

เพิ่ม
[프 ㅓ-ㅁ]

· 왜 추가 요금이 있나요?

ทำไมถึงมีค่าใช้จ่ายเพิ่มครับ/คะ
[탐마이 틍 미- 카- 차-이 짜-이 프 ㅓ-ㅁ 크랍/카]

· 어떤 것이 추가된 건가요?

เพิ่มรายการอะไรบ้างครับ/คะ
[프 ㅓ-ㅁ 라-이까-ㄴ 아라이 바-ㅇ 크랍/카]

· 이 추가 요금을 설명해주세요.

ช่วยอธิบายค่าใช้จ่ายนี้
ให้ฟังหน่อยครับ/ค่ะ
[추-아이 아티바-이 카- 차-이 짜-이 니-
하이 퐝 너-이 크랍/카]

## 30 미니바 🔋

มินิบาร์
[미니바-]

· 미니바는 이용 안 했어요.

ไม่ได้ใช้มินิบาร์ครับ/ค่ะ
[마이 다이 차이 미니바- 크랍/카]

호텔

· 미니바에서 물만 마셨어요.
ดื่มแต่น้ำเปล่าจากมินิบาร์ครับ/ค่ะ
[드-ㅁ 때- 남 쁠라오 짜-ㄱ 미니바- 크랍/카]

· 미니바에서 맥주만 마셨어요.
ดื่มแต่เบียร์จากมินิบาร์ครับ/ค่ะ
[드-ㅁ 때- 비-아 짜-ㄱ 미니바- 크랍/카]

· 미니바 요금이 잘못됐어요.
คิดค่ามินิบาร์ผิดครับ/ค่ะ
[킷 카- 미니바- 핏 크랍/카]

# 31 요금

ราคา
[라-카-]

· 이 요금은 무엇인가요?
ราคานี้อะไรครับ/คะ
[라-카- 니- 아라이 크랍/카]

· 요금이 더 나온 것 같아요.
สงสัยคิดราคาเพิ่มครับ/ค่ะ
[쏭싸이 킷 라-카- 프ㅓ-ㅁ 크랍/카]

· 요금 합계가 틀렸어요.
รวมราคาผิดครับ/ค่ะ
[루-암 라-카- 핏 크랍/카]

# 32 신용카드

บัตรเครดิต
[밧 크레-딧]

· 신용카드로 하실래요,
  현금으로 하실래요?
จะจ่ายบัตรเครดิตหรือเงินสด
ครับ/คะ
[짜 짜-이 밧 크레-딧 르- 응원 쏫 크랍/카]

- 신용카드도 되나요?

จ่ายบัตรเครดิตได้ไหมครับ/คะ
[짜이 밧 크레-딧 다이 마이 크랍/카]

- 신용카드가 안 긁혀요.

บัตรเครดิตใบนี้รูดไม่ได้ครับ/ค่ะ
[밧 크레-딧 바이 니- 루-ㅅ 마이 다이 크랍/카]

- 다른 신용카드는 없어요.

ไม่มีบัตรเครดิตใบอื่นครับ/ค่ะ
[마이 미- 밧 크레-딧 바이 으-ㄴ 크랍/카]

- 신용카드를 한 번 더 긁어 주세요.

ลองรูดบัตรเครดิตอีกรอบหนึ่งครับ/ค่ะ
[러-ㅇ 루-ㅅ 밧 크레-딧 이-ㄱ 러-ㅂ 능 크랍/카]

## 태국 더 알기!

## 태국 편의점

태국의 도심에는 골목마다 많은 편의점이 입점해 있어 손쉽게 물건을 살 수 있습니다. 편의점에서는 우리나라와 마찬가지로 냉동식품과 즉석조리 식품을 판매하고 있으며, 커피 머신을 갖추고 커피를 판매하는 곳도 적지 않습니다. 그 외에도 여행 시에 필요한 샴푸, 비누, 칫솔, 치약, 로션 등을 휴대하기 좋은 작은 사이즈로 판매합니다.

편의점에서도 주류를 판매하지만 태국의 대형 마트와 마찬가지로 주류 판매가 가능한 시간이 정해져 있습니다. 점심 시간에는 11시부터 14시까지 판매하고, 저녁 시간에는 17시부터 24시까지만 판매합니다. 그 외의 시간에는 성인이라도 주류를 구입할 수 없습니다.

# 위급상황 필요한 단어! T 06-03

| 01 | 고장났어요 | เสียแล้ว<br>[씨-아 래-우] |
|---|---|---|
| 02 | 다 썼어요 | หมดแล้ว<br>[못 래-우] |
| 03 | 안 열려요 | เปิดไม่ได้<br>[쁘ㅓ-ㅅ 마이 다이] |
| 04 | 갇혔어요 | ถูกขังแล้ว<br>[투-ㄱ 캉 래-우] |
| 05 | 잃어버렸어요 | ทำหายแล้ว<br>[탐 하-이 래-우] |
| 06 | 귀중품 | ของมีค่า<br>[커-ㅇ 미- 카-] |
| 07 | 도둑맞았어요 | โดนขโมยแล้ว<br>[도-ㄴ 카모-이 래-우] |
| 08 | 감기 | หวัด<br>[왓] |
| 09 | 감기약 | ยาแก้หวัด<br>[야- 깨- 왓] |
| 10 | 설사 | ท้องเสีย<br>[터-ㅇ 씨-아] |
| 11 | 변비 | ท้องผูก<br>[터-ㅇ 푸-ㄱ] |

| 12 | 두통약 | ยาแก้ปวดหัว<br>[야- 깨- 뿌-앗 후-아] |
| 13 | 진단서 | ใบรับรองแพทย์<br>[바이 랍러-ㅇ 패-ㅅ] |
| 14 | 응급차 | รถพยาบาล<br>[롯 파야-바-ㄴ] |

# 빨리 찾아

· 드라이기가 고장 났어요.

ไดร์เป่าผมเสียแล้วครับ/ค่ะ
[다이 빠오 폼 씨-아 래-우 크랍/카]

· 전화기가 고장 났어요.

โทรศัพท์เสียแล้วครับ/ค่ะ
[토-라쌉 씨-아 래-우 크랍/카]

· 샤워기가 고장 났어요.

ฝักบัวเสียแล้วครับ/ค่ะ
[쫙 부-아 씨-아 래-우 크랍/카]

· 비누를 다 썼어요.

สบู่หมดแล้วครับ/ค่ะ
[싸부- 못 래-우 크랍/카]

· 샴푸를 다 썼어요.

แชมพูหมดแล้วครับ/ค่ะ
[채-ㅁ푸- 못 래-우 크랍/카]

· 문이 안 열려요.

เปิดประตูไม่ได้ครับ/ค่ะ
[쁘ㅓ-ㅅ 쁘라뚜- 마이 다이 크랍/카]

· 금고가 안 열려요.

เปิดตู้เซฟไม่ได้ครับ/ค่ะ
[쁘ㅓ-ㅅ 뚜- 쎄-ㅂ 마이 다이 크랍/카]

· 엘리베이터에 갇혔어요.

ถูกขังอยู่ในลิฟท์ครับ/ค่ะ
[툭 캉 유- 나이 립 크랍/카]

· 방 키를 잃어버렸어요.

ทำกุญแจห้องหายครับ/ค่ะ
[탐 꾼째- 허-ㅇ 하-이 크랍/카

· 여권을 잃어버렸어요.

ทำหนังสือเดินทางหายครับ/ค่ะ
[탐 낭쓰- 드ㅓ-ㄴ타-ㅇ 하-이 크랍/카]

· 귀중품이 없어졌어요.

ของมีค่าหายครับ/ค่ะ
[커-ㅇ 미- 카- 하-이 크랍/카]

· 저는 짐을 도둑맞았어요.

ผม/ดิฉันโดนขโมยสัมภาระแล้ว
ครับ/ค่ะ
[폼/디찬 도-ㄴ 카모-이 쌈파-라 래-우 크랍/카]

· 가방을 도둑맞았어요.

โดนขโมยกระเป๋าแล้วครับ/ค่ะ
[도-ㄴ 카모-이 끄라빠오 래-우 크랍/카]

· 감기에 걸렸어요.

เป็นหวัดครับ/ค่ะ
[뻰 왓 크랍/카]

· 감기약이 있나요?

มียาแก้หวัดไหมครับ/คะ
[미- 야- 깨- 왓 마이 크랍/카]

· 변비약이 있나요?

มียาแก้ท้องผูกไหมครับ/คะ
[미- 야- 깨- 터-o 푸-ㄱ 마이 크랍/카]

· 배가 아파요.

ปวดท้องครับ/ค่ะ
[뿌-앗 터-o 크랍/카]

· 머리가 아파요.

ปวดหัวครับ/ค่ะ
[뿌-앗 후-아 크랍/카]

· 두통약이 있나요?

มียาแก้ปวดหัวไหมครับ/คะ
[미- 야- 깨- 뿌-앗 후-아 마이 크랍/카]

· 진단서 좀 끊어주세요.

ขอใบรับรองแพทย์หน่อยครับ/ค่ะ
[커- 바이 랍러-o 패-ㅅ 너-이 크랍/카]

· 응급차 좀 불러주세요.

ช่วยเรียกรถพยาบาลให้หน่อย
ครับ/ค่ะ
[추-아이 리-약 롯 파야-바-ㄴ 하이 너-이 크랍/카]

식사 오기 전에 볼일 좀 봐야지.

왜 물이...
안 내려가지...

ชักโครกตันค่ะ

변기가 막혔어요.

 # 망설이지 말자!
อย่าลังเลเลย

모닝콜 해주실 수 있나요?
**ช่วยโทรปลุกหน่อยจะได้ไหมคะ**
[추-아이 토- 쁠룩 너-이 짜 다이 마이 카]

6시에 해주세요.
**โทรปลุกตอน 6 โมงเช้าให้หน่อยค่ะ**
[토- 쁠룩 떠-ㄴ 혹 모-ㅇ 차오 하이 너-이 카]

미니바 이용을 안 했어요.
**ไม่ได้ใช้มินิบาร์เลยค่ะ**
[마이 다이 차이 미니바- 르 ㅓ-이 카]

미니바 요금이 잘못됐어요.
**คิดค่ามินิบาร์ผิดค่ะ**
[킷 카- 미니바- 핏 카]

# PART 07

# 식당에서

# 식당에서

많은 단어를 알 필요 없다
왜? 말할 게 뻔하니까!

T 07-01

| 01 | 두 명 | สองคน [써-o 콘] |
| 02 | 예약하다 | จอง [쩌-o] |
| 03 | 테이블 | โต๊ะ [또] |
| 04 | 매니저 | ผู้จัดการ [푸- 짯 까-ㄴ] |
| 05 | 주문하다 | สั่ง [쌍] |
| 06 | 메뉴, 메뉴판 | เมนู [메-누-] |
| 07 | 추천하다 | แนะนำ [내남] |
| 08 | 고수 (향채) | ผักชี [팍치-] |
| 09 | 해산물 | อาหารทะเล [아-하-ㄴ 탈레-] |
| 10 | 쌀국수 | ก๋วยเตี๋ยว [꾸-아이 띠-아우] |
| 11 | 팟타이 | ผัดไทย [팟타이] |

| 12 | 젓가락 | ตะเกียบ<br>[따끼-압] |
| 13 | 숟가락 | ช้อน<br>[처-ㄴ] |
| 14 | 음료 | เครื่องดื่ม<br>[크르-앙 드-ㅁ] |
| 15 | 잔 | แก้ว<br>[깨-우] |
| 16 | 콜라 | โค้ก<br>[코-ㄱ] |
| 17 | 사이다 | สไปรท์<br>[싸쁘라이] |
| 18 | 얼음 | น้ำแข็ง<br>[남캥] |
| 19 | 빨대 | หลอด<br>[러-ㅅ] |
| 20 | 냅킨 | กระดาษเช็ดปาก<br>[끄라다-ㅅ 쳇 빠-ㄱ] |
| 21 | 후식 | ของหวาน<br>[커-ㅇ 와-ㄴ] |
| 22 | 여기에서 먹을 거예요 | จะทานที่นี่<br>[짜 타-ㄴ 티- 니-] |

식당

# 식당에서

많은 단어를 알 필요 없다
왜? 말할 게 뻔하니까!

# 빨리 찾아

읽으세요! **T 07-02**

## 01 두 명 👣👣

สองคน
[써-ㅇ 콘]

· 두 명이에요.

สองคนครับ/ค่ะ
[써-ㅇ 콘 크랍/카]

· 혼자예요.

คนเดียวครับ/ค่ะ
[콘 디-아우 크랍/카]

## 02 예약하다 🐛

จอง
[쩌-ㅇ]

· 예약했어요.

จองไว้แล้วครับ/ค่ะ
[쩌-ㅇ 와이 래-우 크랍/카]

· 예약을 안 했어요.

ไม่ได้จองไว้ครับ/ค่ะ
[마이 다이 쩌-ㅇ 와이 크랍/카]

· 두 명으로 예약했어요.

จองไว้สำหรับสองคนครับ/ค่ะ
[쩌-ㅇ 와이 쌈랍 써-ㅇ 콘 크랍/카]

· 김영미로 예약했어요.

จองไว้ในนามคิมยองมีครับ/ค่ะ
[쩌-ㅇ 와이 나이 나-ㅁ 킴여-ㅇ미- 크랍/카]

식당

## 03 테이블 🛋

โต๊ะ
[또]

· 테이블을 닦아주세요.

ช่วยเช็ดโต๊ะให้หน่อยครับ/ค่ะ
[추-아이 쳇 또 하이 너-이 크랍/카]

· 테이블이 조금 흔들거려요.

โต๊ะโยกเยกนิดหน่อยครับ/ค่ะ
[또 요-ㄱ 예-ㄱ 닛 너-이 크랍/카]

· 테이블이 너무 좁아요.

โต๊ะเล็กเกินไปครับ/ค่ะ
[또 렉 끄ㅓ-ㄴ 빠이 크랍/카]

· 다른 자리로 바꿔주세요.

เปลี่ยนที่นั่งให้หน่อยครับ/ค่ะ
[쁠리-안 티- 낭 하이 너-이 크랍/카]

· 창가 자리로 주세요.

ขอที่นั่งริมหน้าต่างครับ/ค่ะ
[커- 티- 낭 림 나- 따-ㅇ 크랍/카]

## 04 매니저 🧑

ผู้จัดการ
[푸- 짯 까-ㄴ]

· 여기요!(실례합니다)

ขอโทษครับ/ค่ะ
[커-토-ㅅ 크랍/카]

· 매니저를 불러주세요.

ช่วยเรียกผู้จัดการให้หน่อยครับ/ค่ะ
[추-아이 리-악 푸- 짯 까-ㄴ 하이 너-이 크랍/카]

· 매니저랑 이야기할게요.

ขอคุยกับผู้จัดการหน่อยครับ/ค่ะ
[커- 쿠이 깝 푸- 짯 까-ㄴ 너-이 크랍/카]

## 05 주문하다

สั่ง
[쌍]

· 이거 주세요.

ขออันนี้ครับ/ค่ะ
[커- 안 니- 크랍/카]

· 주문했어요.

สั่งแล้วครับ/ค่ะ
[쌍 래-우 크랍/카]

· 저는 주문한 지 오래됐어요.

ผม/ดิฉันสั่งตั้งนานแล้วครับ/ค่ะ
[폼/디찬 쌍 땅 나-ㄴ 래-우 크랍/카]

· 잠시 후에 주문할게요.

อีกสักพักจะสั่งนะครับ/คะ
[이-ㄱ 싹 팍 짜 쌍 나 크랍/카]

· 이것은 주문하지 않았어요.

อันนี้ไม่ได้สั่งครับ/ค่ะ
[안 니- 마이 다이 쌍 크랍/카]


## 06 메뉴, 메뉴판

เมนู
[메-누-]

식당

· 메뉴판을 주세요.

ขอเมนูหน่อยครับ/ค่ะ
[커- 메-누- 너-이 크랍/카]

· 특선 메뉴가 있나요?

มีเมนูพิเศษไหมครับ/คะ
[미- 메-누- 피쎄-ㅅ 마이 크랍/카]

· 오늘의 메뉴는 무엇인가요?

เมนูสำหรับวันนี้คืออะไรครับ/คะ
[메-누- 쌈랍 완 니- 크- 아라이 크랍/카]

## 07 추천하다 👍

แนะนำ
[내남]

· 메뉴를 추천해 주세요.

ช่วยแนะนำเมนูให้หน่อยครับ/ค่ะ
[추-아이 내남 메-누- 하이 너-이 크랍/카]

· 둘 중에 무엇을 추천하시나요?

ระหว่างสองอันนี้ คุณจะแนะนำ
อะไรครับ/คะ
[라와-ㅇ 써-ㅇ 안 니-, 쿤 짜 내남
아라이 크랍/카]

· 이것과 저것은 무엇이
다른가요?

อันนี้กับอันนั้นต่างกันอย่างไร
ครับ/คะ
[안 니- 깝 안 난 따-ㅇ 깐 야-ㅇ라이 크랍/카]

## 08 고수(향채)

ผักชี
[팍치-]

· 고수를 넣지 마세요.

ไม่ใส่ผักชีนะครับ/คะ
[마이 싸이 팍치- 나 크랍/카]

· 저는 고수를 못 먹어요.

ผม/ดิฉันกินผักชีไม่เป็นครับ/ค่ะ
[폼/디찬 낀 팍치- 마이 뻰 크랍/카]

· 고수는 제 입에 맞지 않아요.

ผักชีไม่ถูกปากผมครับ/ดิฉันค่ะ
[팍치- 마이 투-ㄱ 빠-ㄱ 폼 크랍/디찬 카]

· 고수는 따로 주세요.

ขอผักชีแยกต่างหากครับ/ค่ะ
[커- 팍치- 얘-ㄱ 따-ㅇ하-ㄱ 크랍/카]

## 09 해산물

**อาหารทะเล**
[아-하ˇㄴ 탈레-]

· 해산물 요리로 할게요.

**เอาอาหารทะเลครับ/ค่ะ**
[아오 아-하ˇㄴ 탈레- 크랍/카ˋ]

· 해산물 알레르기가 있어요.

**แพ้อาหารทะเลครับ/ค่ะ**
[패- 아-하ˇㄴ 탈레- 크랍/카ˋ]

· 어떤 해산물을 추천하시나요?

**จะแนะนำอาหารทะเลอะไรบ้าง**
**ครับ/คะ**
[짜 내남 아-하ˇㄴ 탈레- 아라이 바ˆ옹 크랍/카ˊ]

## 10 쌀국수

**ก๋วยเตี๋ยว**
[꾸-아이 띠-아우]

· 닭고기 쌀국수로 주세요.

**ขอก๋วยเตี๋ยวไก่ครับ/ค่ะ**
[커- 꾸-아이 띠아ˇ-우 까이 크랍/카ˋ]

· 소고기 쌀국수로 주세요.

**ขอก๋วยเตี๋ยวเนื้อครับ/ค่ะ**
[커- 꾸-아이 띠아ˇ-우 느ˊ-아 크랍/카ˋ]

· 국물이 없는 쌀국수로 주세요.

**ขอก๋วยเตี๋ยวแห้งครับ/ค่ะ**
[커- 꾸-아이 띠아ˇ-우 해ˆ-ㅇ 크랍/카ˋ]

· 육수를 더 주세요.

**ขอน้ำซุปเพิ่มหน่อยครับ/ค่ะ**
[커- 남ˊ 쑵 프ㅓ-ㅁ 너ˋ이 크랍/카ˋ]

· 곱빼기로 주세요.

**ขอพิเศษครับ/ค่ะ**
[커- 피쎄-ㅅ 크랍/카ˋ]

## 11 팟타이

ผัดไทย
[팟타이]

· 숙주를 익혀주세요.

ผัดถั่วงอกให้สุก ๆ นะครับ/คะ
[팓 투ᆞ아 응어ᆞㄱ 하이 쑥 쑥 나 크랍/카]

· 포장해서 가지고 갈게요.

ห่อกลับบ้านนะครับ/คะ
[허ᆞ 끌랍 바ᆞㄴ 나 크랍/카]

## 12 젓가락

ตะเกียบ
[따끼ᆞ압]

· 젓가락을 떨어뜨렸어요.

ทำตะเกียบหล่นแล้วครับ/ค่ะ
[탐 따끼ᆞ압 론 래ᆞ우 크랍/카]

· 젓가락에 뭐가 묻어 있어요.

ตะเกียบเปื้อนครับ/ค่ะ
[따끼ᆞ압 쁘ᆞ안 크랍/카]

· 젓가락 한 쌍을 더 주세요.

ขอตะเกียบอีกคู่หนึ่งครับ/ค่ะ
[커ᆞ 따끼ᆞ압 이ᆞㄱ 쿠ᆞ 능 크랍/카]

## 13 숟가락

ช้อน
[처ᆞㄴ]

· 숟가락을 주세요.

ขอช้อนครับ/ค่ะ
[커ᆞ 처ᆞㄴ 크랍/카]

· 숟가락을 떨어뜨렸어요.

ทำช้อนหล่นแล้วครับ/ค่ะ
[탐 처-ㄴ 론 래-우 크랍/카]

· 숟가락에 뭐가 묻어 있어요.

ช้อนเปื้อนครับ/ค่ะ
[처-ㄴ 쁘-안 크랍/카]

· 숟가락을 하나 더 주세요.

ขอช้อนอีกคันหนึ่งครับ/ค่ะ
[커- 처-ㄴ 이-ㄱ 칸 능 크랍/카]

# 14 음료 🥤

เครื่องดื่ม
[크르-앙 드-ㅁ]

· 음료는 어떤 것이 있나요?

เครื่องดื่มมีอะไรบ้างครับ/คะ
[크르-앙 드-ㅁ 미- 아라이 바-ㅇ 크랍/카]

· 생수 한 병을 주세요.

ขอน้ำเปล่าขวดหนึ่งครับ/ค่ะ
[커- 남 쁠라오 쿠-앗 능 크랍/카]

· 탄산수 주세요.

ขอโซดาครับ/ค่ะ
[커- 쏘-다- 크랍/카]

· 오렌지 주스 주세요.

ขอน้ำส้มครับ/ค่ะ
[커- 남쏨 크랍/카]

· 맥주 한 병 주세요.

ขอเบียร์ขวดหนึ่งครับ/ค่ะ
[커- 비-아 쿠-앗 능 크랍/카]

· 커피 주세요.

ขอกาแฟครับ/ค่ะ
[커- 까-풰- 크랍/카]

식당

## 15 잔

แก้ว
[깨-우]

· 큰 잔에 주세요.

ขอเป็นแก้วใหญ่ครับ/ค่ะ
[커- 뻰 깨-우 야이 크랍/카]

· 작은 잔에 주세요.

ขอเป็นแก้วเล็กครับ/ค่ะ
[커- 뻰 깨-우 렉 크랍/카]

· 테이크아웃 잔에 주세요.

ขอเป็นแก้วเทคอะเวย์ครับ/ค่ะ
[커- 뻰 깨-우 텍아웨- 크랍/카]

## 16 콜라

โค้ก
[코-ㄱ]

· 콜라 주세요.

ขอโค้กครับ/ค่ะ
[커- 코-ㄱ 크랍/카]

· 차가운 콜라로 주세요.

ขอโค้กเย็นครับ/ค่ะ
[커- 코-ㄱ 옌 크랍/카]

## 17 사이다

สไปรท์
[싸쁘라이]

· 사이다 주세요.

ขอสไปรท์ครับ/ค่ะ
[커- 싸쁘라이 크랍/카]

· 사이다에 얼음을 넣어주세요.

ใส่น้ำแข็งในสไปรท์ให้หน่อยครับ/ค่ะ
[싸이 남캥 나이 싸쁘라이 하이 너-이 크랍/카]

## 18 얼음

น้ำแข็ง
[남캥]

- 얼음을 많이 주세요.

ขอน้ำแข็งเยอะ ๆ ครับ/ค่ะ
[커- 남캥 여 여 크랍/카]

- 얼음을 조금만 주세요.

ขอน้ำแข็งน้อย ๆ ครับ/ค่ะ
[커- 남캥 너이 너-이 크랍/카]

- 얼음이 너무 많아요.

น้ำแข็งเยอะไปครับ/ค่ะ
[남캥 여 빠이 크랍/카]

- 얼음을 주지 마세요.

ไม่เอาน้ำแข็งครับ/ค่ะ
[마이 아오 남캥 크랍/카]

## 19 빨대

หลอด
[러-ㅅ]

- 빨대는 어디에 있나요?

หลอดอยู่ที่ไหนครับ/คะ
[러-ㅅ 유- 티- 나이 크랍/카]

- 빨대가 없어요.

ไม่มีหลอดครับ/ค่ะ
[마이 미- 러-ㅅ 크랍/카]

- 빨대를 한 개만 더 주세요.

ขอหลอดเพิ่มอีกอันครับ/ค่ะ
[커- 러-ㅅ 프ㅓ-ㅁ 이-ㄱ 안 크랍/카]

- 빨대도 넣어 주셨나요?

ใส่หลอดให้หรือเปล่าครับ/คะ
[싸이 러-ㅅ 하이 르- 쁠라오 크랍/카]

식당

## 20 냅킨 📖

กระดาษเช็ดปาก
[끄라다ㅅ 쳇 빠-ㄱ]

· 냅킨을 주세요.

ขอกระดาษเช็ดปากครับ/ค่ะ
[커- 끄라다ㅅ 쳇 빠-ㄱ 크랍/카]

· 냅킨이 없어요.

ไม่มีกระดาษเช็ดปากครับ/ค่ะ
[마이 미- 끄라다ㅅ 쳇 빠-ㄱ 크랍/카]

· 냅킨을 많이 주세요.

ขอกระดาษเช็ดปากเยอะ ๆ
ครับ/ค่ะ
[커- 끄라다ㅅ 쳇 빠-ㄱ 여 여 크랍/카]

· 물티슈가 있나요?

มีทิชชู่เปียกไหมครับ/คะ
[미- 팃추- 삐악 마이 크랍/카]

· 물티슈를 주세요.

ขอทิชชู่เปียกครับ/ค่ะ
[커- 팃추- 삐악 크랍/카]

## 21 후식 🍈

ของหวาน
[커-ㅇ 와-ㄴ]

· 후식 주세요.

ขอของหวานครับ/ค่ะ
[커- 커-ㅇ 와-ㄴ 크랍/카]

· 후식은 뭐가 있나요?

ของหวานมีอะไรบ้างครับ/คะ
[커-ㅇ 와-ㄴ 미- 아라이 바-ㅇ 크랍/카]

· 과일이 있나요?

มีผลไม้ไหมครับ/คะ
[미- 폰라마이 마이 크랍/카]

## 22 여기에서 먹을 거예요

จะกินที่นี่
[짜 탄 티- 니-]

· 드시고 가세요, 가져가세요?

จะทานที่นี่หรือนำกลับบ้านครับ/คะ
[짜 탄 티- 니- 르- 남 끌랍 반 크랍/카]

· 여기에서 먹을 거예요.

จะทานที่นี่ครับ/ค่ะ
[짜 탄 티- 니- 크랍/카]

## 23 포장하다

ห่อกลับบ้าน
[허- 끌랍 반]

· 드시고 가세요, 포장이에요?

จะทานที่นี่หรือห่อกลับบ้านครับ/คะ
[짜 탄 티- 니- 르- 허- 끌랍 반 크랍/카]

· 포장이에요.

ห่อกลับบ้านครับ/ค่ะ
[허- 끌랍 반 크랍/카]

· 이 메뉴는 포장되나요?

เมนูนี้ห่อกลับบ้านได้ไหมครับ/คะ
[메-누- 니- 허- 끌랍 반 다이 마이 크랍/카]

· 남은 것은 포장해주세요.

ที่เหลือห่อกลับบ้านนะครับ/คะ
[티- 르-아 허- 끌랍 반 나 크랍/카]

· 포장비가 따로 있나요?

มีค่าบริการห่อกลับบ้านไหม
ครับ/คะ
[미- 카- 버-리까-ᆫ 허- 끌랍 반 마이 크랍/카]

식당

## 24 계산서

ใบเสร็จ
[바이 쎗]

· 계산할게요.

คิดเงินด้วยครับ/ค่ะ
[킷 응읜 두-아이 크랍/카]

· 계산서 주세요.

ขอใบเสร็จครับ/ค่ะ
[커- 바이 쎗 크랍/카]

· 계산서가 잘 못 됐어요.

ใบเสร็จไม่ถูกต้องครับ/ค่ะ
[바이 쎗 마이 투-ㄱ 떠-ㅇ 크랍/카]

· 이 메뉴는 안 시켰어요.

เมนูนี้ไม่ได้สั่งครับ/ค่ะ
[메-누- 니- 마이 다이 쌍 크랍/카]

· 세금이 포함된 가격인가요?

ราคานี้รวมภาษีแล้วหรือยังครับ/คะ
[라-카- 니- 루-암 파-씨- 래-우 르- 양 크랍/카]

## 25 신용카드

บัตรเครดิต
[밧 크레-딧]

· 신용카드로 계산할게요.

จะจ่ายบัตรเครดิตนะครับ/คะ
[짜 짜-이 밧 크레-딧 나 크랍/카]

· 할인되는 신용카드가 있나요?

มีบัตรเครดิตที่มีส่วนลดไหมครับ/คะ
[미- 밧 크레-딧 티- 미- 쑤-안 롯 마이 크랍/카]

## 26 배달하다

สั่งเดลิเวอรี่
[ซั่ง เด-ลิ-ริ워-리-]

· 여기는 ○○호텔인데요,
  배달되나요?

ที่นี่โรงแรม OO นะครับ/คะ
สั่งเดลิเวอรี่ได้ไหมครับ/คะ
[티- 니- 로-ㅇ래-ㅁ OO 나 크랍/카
쌍 데-ㄹ리워-리- 다이 마이 크랍/카]

· 배달하면 얼마나 걸리나요?

ถ้าสั่งเดลิเวอรี่ ใช้เวลานาน
เท่าไรครับ/คะ
[타- 쌍 데-ㄹ리워-리- 차이 웨-ㄹ라- 나-ㄴ
타오라이 크랍/카]

· 배달비가 있나요?

มีค่าส่งไหมครับ/คะ
[미-카- 쏭 마이 크랍/카]

---

## 태국 더 알기!    쌀국수 메뉴판

한국에서는 '쌀국수'라고 하면 일반적으로 국물이 있는
얇은 면의 국수를 생각하지만, 사실 태국의 쌀국수 가게
에서 주문할 때는 보다 다양한 사항들을 정해서 알려주
어야 합니다. 우선 면을 넣을 것인지 아닌지, 국물이 있는
것을 먹을 것인지 국물이 없는 비빔 국수를 먹을 것인지,
어떤 굵기의 면을 먹을 것인지, 쌀국수를 먹을 것인지,
달걀 반죽 국수를 먹을 것인지… 등을 선택해야 합니다.

· เกาเหลา 까오라오 : 면을 넣지 않은 국물, 보통 밥과 주문
· เส้นเล็ก 쎈 렉 : 얇은 쌀국수 면                    · เส้นใหญ่ 쎈 야이 : 넓은 쌀국수 면
· เส้นหมี่ 쎈 미- : 얇은 태국식 당면                  · บะหมี่ 바미- : 달걀반죽 면
· น้ำ 나-ㅁ : 국물이 있는 것                          · แห้ง 해-ㅇ : 국물이 없는 것

# 위급상황 필요한 단어! T 07-03

| 01 | 너무 짜요 | เค็มเกินไปครับ/ค่ะ<br>[켐 끄ㅓ-ㄴ빠이 크랍/카] |
| 02 | 너무 뜨거워요 | ร้อนเกินไปครับ/ค่ะ<br>[러-ㄴ 끄ㅓ-ㄴ빠이 크랍/카] |
| 03 | 너무 차가워요 | เย็นเกินไปครับ/ค่ะ<br>[옌 끄ㅓ-ㄴ빠이 크랍/카] |
| 04 | 데워주세요 | เวฟให้หน่อยครับ/ค่ะ<br>[웨-ㅂ 하이 너-이 크랍/카] |
| 05 | 너무 싱거워요 | จืดเกินไปครับ/ค่ะ<br>[쯔-ㅅ 끄ㅓ-ㄴ빠이 크랍/카] |
| 06 | 아주 매워요 | เผ็ดมากเกินไปครับ/ค่ะ<br>[펫 마-ㄱ 끄ㅓ-ㄴ빠이 크랍/카] |
| 07 | 안 시켰어요 | ไม่ได้สั่งครับ/ค่ะ<br>[마이 다이 쌍 크랍/카] |
| 08 | 맛이 이상해요 | รสชาติแปลก ๆ ครับ/ค่ะ<br>[롯차-ㅅ 쁠랙 쁠래-ㄱ 크랍/카] |
| 09 | 안 나왔어요 | ยังไม่ได้ครับ/ค่ะ<br>[양 마이 다이 크랍/카] |
| 10 | 바꿔주세요 | เปลี่ยนให้หน่อยครับ/ค่ะ<br>[쁠리-얀 하이 너-이 크랍/카] |

# 빨리 찾아

읽으세요! **T 07-04**

· 음식이 너무 짜요.

อาหารเค็มเกินไปครับ/ค่ะ
[아-한 켐 끄ᅥ-ᆫ 빠이 크랍/카]

· 이것은 너무 뜨거워요.

อันนี้ร้อนเกินไปครับ/ค่ะ
[안 니- 런 끄ᅥ-ᆫ 빠이 크랍/카]

· 이것은 너무 차가워요.

อันนี้เย็นเกินไปครับ/ค่ะ
[안 니- 옌 끄ᅥ-ᆫ 빠이 크랍/카]

· 데워주세요.

เวฟให้หน่อยครับ/ค่ะ
[웹 하이 너이 크랍/카]

· 소금을 좀 주세요.

ขอเกลือหน่อยครับ/ค่ะ
[커- 끌르아 너이 크랍/카]

· 음식이 너무 매워요.

อาหารเผ็ดเกินไปครับ/ค่ะ
[아-한 펟 끄ᅥ-ᆫ 빠이 크랍/카]

· 이 메뉴는 안 시켰어요.

เมนูนี้ไม่ได้สั่งครับ/ค่ะ
[메-누- 니- 마이 다이 쌍 크랍/카]

· 음식이 상한 것 같아요.

สงสัยอาหารเสียแล้วครับ/ค่ะ
[쏭싸이 아-한 씨-아 래-우 크랍/카]

· 음식이 안 나왔어요.

ยังไม่ได้อาหารครับ/ค่ะ
[양 마이 다이 아-한 크랍/카]

· 음료가 안 나왔어요.

ยังไม่ได้เครื่องดื่มครับ/ค่ะ
[양 마이 다이 크르-앙 드-ㅁ 크랍/카]

· 메뉴를 바꿔주세요.

เปลี่ยนเมนูให้หน่อยครับ/ค่ะ
[쁠리-안 메-누- 하이 너이 크랍/카]

식당

여기는 어떤 음식이 맛있나요?

ที่นี่อาหารอะไร
อร่อยที่สุดคะ

อร่อย
ทุกอย่างค่ะ

다 맛있어요.

ขอต้มยำกุ้งค่ะ

똠얌꿍 주세요.

앗싸~

여기 있습니다.

## 망설이지 말자!
อย่าลังเลเถอะ

메뉴판을 보여 주세요.

**ขอเมนูหน่อยค่ะ**

[커- 메-누- 너`이 카`]

한국어 메뉴판이 있나요?

**มีเมนูภาษาเกาหลีไหมคะ**

[미- 메-누- 파-싸- 까올리- 마이 카`]

사진이 있는 메뉴판이 있나요?

**มีเมนูที่มีรูปไหมคะ**

[미- 메-누- 티- 미- 루-ㅂ 마이 카`]

재떨이를 주세요.

**ขอที่เขี่ยบุหรี่หน่อยค่ะ**

[커- 티- 키-아 부리- 너`이 카`]

PART 08

# 관광할 때

# 관광할 때

많은 단어를 알 필요 없다
왜? 말할 게 뻔하니까!

T 08-01

| 01 | 출발하다 | ออกเดินทาง<br>[어`-ㄱ 드ㅓ`-ㄴ타-ㅇ] |
|---|---|---|
| 02 | 도착하다 | ถึง<br>[틍] |
| 03 | 일정 | กำหนดการ<br>[깜놋까-ㄴ] |
| 04 | 입구 | ทางเข้า<br>[타-ㅇ 카^오] |
| 05 | 출구 | ทางออก<br>[타-ㅇ 어`-ㄱ] |
| 06 | 추천하다 | แนะนำ<br>[내´남] |
| 07 | 관광지 | สถานที่ท่องเที่ยว<br>[싸타`-ㄴ티^- 터-ㅇ 티-아우] |
| 08 | 매표소 | ช่องขายตั๋ว<br>[청 카-이 뚜`-아] |
| 09 | 관광 안내소 | ศูนย์บริการนักท่องเที่ยว<br>[쑤`-ㄴ 버-리까-ㄴ 낙 터-ㅇ 티-아우] |
| 10 | 입장권 | บัตรเข้าชม<br>[밧 카^오 촘] |
| 11 | 할인 | ส่วนลด<br>[쑤`-안 롯´] |
| 12 | 개장시간 | เวลาเปิดทำการ<br>[웨-ㄹ라- 쁘ㅓ`-ㅅ 탐까-ㄴ] |

| 13 | 금지 | ห้าม<br>[ห้า-ม] |
|----|------|------|
| 14 | 지도 | แผนที่<br>[แผ่น-ทิ่-] |
| 15 | 사진 찍다 | ถ่ายรูป<br>[ท่า-ย รู่-บ] |
| 16 | 설명하다 | อธิบาย<br>[อะ-ทิ-บา-ย] |
| 17 | 관광 가이드 | ไกด์<br>[ก๊า-ย] |
| 18 | ~해보다 | ลอง<br>[ลอ-ง] |
| 19 | 기념품 가게 | ร้านของที่ระลึก<br>[ร้า-น ขอ-ง ทิ่- ระ-ลึ้ก] |
| 20 | 화장실 | ห้องน้ำ<br>[ห่อ-ง น้า-ม] |
| 21 | 팸플릿 | โบรชัวร์<br>[โบร-ชัว-อา] |
| 22 | 예매하다 | จองตั๋ว<br>[จอ-ง ตัว-อา] |
| 23 | 매진되다 | ขายหมดแล้ว<br>[ขา-ย มด แล้-ว] |
| 24 | 좌석 | ที่นั่ง<br>[ทิ่- นั่ง] |

관광

# 관광할 때

많은 단어를 알 필요 없다
왜? 말할 게 뻔하니까!

태국에는 유명한 명소가
많으니 미리 알고 가세요!

# 빨리 찾아

읽으세요! **T 08-02**

## 01 출발하다

ออกเดินทาง
[어-ㄱ 드ㅓ-ㄴ타-o]

· 출발이 언제인가요?

จะออกเดินทางเมื่อไรครับ/คะ
[짜 어-ㄱ 드ㅓ-ㄴ타-o 므ᄋ아라이 크랍/카]

· 출발 시간이 너무 빨라요.

ออกเดินทางเร็วเกินไปนะครับ/คะ
[어-ㄱ 드ㅓ-ㄴ타-o 레우 끄ㅓ-ㄴ 빠이 나
크랍/카]

· 버스에 몇 시까지 돌아오면
되나요?

จะให้กลับมาที่รถกี่โมงครับ/คะ
[짜 하이 끌랍 마- 티- 롯 끼- 모-o 크랍/카]

## 02 도착하다

ถึง
[틍]

· 언제 도착하나요?

จะถึงเมื่อไรครับ/คะ
[짜 틍 므ᄋ아라이 크랍/카]

· 도착이 너무 늦네요.

ถึงช้าเกินไปนะครับ/คะ
[틍 차- 끄ㅓ-ㄴ 빠이 나 크랍/카]

· 더 일찍 도착할 수 없나요?

ถึงให้เร็วกว่านี้ไม่ได้หรือครับ/คะ
[틍 하이 레우 꽈- 니- 마이 다이 르- 크랍/카]

관광

## 03 일정 🕐📅

กำหนดการ
[깜놋까ㄴ]

· 이 공연 일정을 좀 보여주세요.

ขอดูกำหนดการการแสดงเรื่องนี้
หน่อยครับ/ค่ะ
[커- 두- 깜놋까ㄴ 까-ㄴ 싸대-ㅇ 르-앙 니-
너-이 크랍/카]

· 이 일정이 맞나요?

กำหนดการนี้ถูกต้องไหมครับ/คะ
[깜놋까ㄴ 니- 투-ㄱ 떠-ㅇ 마이 크랍/카]

## 04 입구 🚪

ทางเข้า
[타-ㅇ 카오]

· 입구가 어디인가요?

ทางเข้าอยู่ที่ไหนครับ/คะ
[타-ㅇ 카오 유- 티- 나이 크랍/카]

· 입구를 못 찾겠어요.

หาทางเข้าไม่เจอครับ/ค่ะ
[하- 타-ㅇ 카오 마이 쯔ㅓ- 크랍/카]

· 입구가 이 방향인가요?

ทางเข้าอยู่ทางนี้หรือครับ/คะ
[타-ㅇ 카오 유- 타-ㅇ 니- 르- 크랍/카]

## 05 출구 🏃

ทางออก
[타-ㅇ 어-ㄱ]

· 출구가 어디인가요?

ทางออกอยู่ที่ไหนครับ/คะ
[타-ㅇ 어-ㄱ 유- 티- 나이 크랍/카]

· 출구를 못 찾겠어요.

หาทางออกไม่เจอครับ/ค่ะ
[หา- ทา-ง ออ-ก ไม่ พ̄รือ- ครับ/ค่ะ]

· 출구가 이 방향인가요?

ทางออกอยู่ทางนี้หรือครับ/คะ
[ทา-ง ออ-ก ยู่- ทา-ง นี้- ร̄ือ- ครับ/คะ]

## 06 추천하다 👍

แนะนำ
[แน่นำ]

· 추천할만한 볼거리가 있나요?

มีอะไรจะแนะนำให้ชมไหมครับ/คะ
[มี- อ̀าไร จะ แน่นำ ไฮ่ ชม ไม ครับ/คะ]

· 가장 추천하는 것은
무엇인가요?

อยากจะแนะนำอะไรมากที่สุด
ครับ/คะ
[ยา̀-ก จะ แน่นำ อ̀าไร มา̂-ก ที̂- ซุด ครับ/คะ]

## 07 관광지 👡👡

สถานที่ท่องเที่ยว
[ซ̀าต̄า̌-น ที̂- ท่อ-ง ที̂-อ̀าว]

· 관광지를 추천해주세요.

ช่วยแนะนำสถานที่ท่องเที่ยว
ให้หน่อยครับ/ค่ะ
[ชู่-อ̀าย แน่นำ ซ̀าต̄า̌-น ที̂- ท่อ-ง ที̂-อ̀าว
ไฮ่ น่อ-ย ครับ/ค่ะ]

· 제일 유명한 관광지는
어디인가요?

สถานที่ท่องเที่ยวที่มีชื่อเสียง
มากที่สุดคือที่ไหนครับ/คะ
[ซ̀าต̄า̌-น ที̂- ท่อ-ง ที̂-อ̀าว ที̂- มี- ชื̂อ- ซ̌ี-อ̀ยง
มา̂-ก ที̂- ซุด ค- ที̂- ไน̌ ครับ/คะ]

관광

## 08 매표소 🎫

ช่องขายตั๋ว
[청 카~이 뚜~아]

· 매표소가 먼가요?

ช่องขายตั๋วอยู่ไกลไหมครับ/คะ
[청 카~이 뚜~아 유- 끌라이 마이 크랍/카]

· 매표소에 데려다주세요.

ช่วยพาผม/ดิฉันไปที่ช่องขายตั๋ว
หน่อยครับ/ค่ะ
[추-아이 파- 폼/디찬 빠이 티- 청 카~이 뚜~아
너-이 크랍/카]

## 09 관광 안내소 🏛

ศูนย์บริการนักท่องเที่ยว
[쑤~ㄴ 버-리까~ㄴ 낙 터^-ㅇ 티-아우]

· 관광 안내소는 어디인가요?

ศูนย์บริการนักท่องเที่ยวอยู่ที่ไหน
ครับ/คะ
[쑤~ㄴ 버-리까~ㄴ 낙 터^-ㅇ 티-아우 유- 티- 나이
크랍/카]

· 관광 안내소는 여기에서
먼가요?

ศูนย์บริการนักท่องเที่ยวอยู่ไกล
จากที่นี่ไหมครับ/คะ
[쑤~ㄴ 버-리까~ㄴ 낙 터^-ㅇ 티-아우 유- 끌라이
짜~ㄱ 티- 니- 마이 크랍/카]

· 가장 가까운 관광 안내소는
어디인가요?

ศูนย์บริการนักท่องเที่ยวที่ใกล้
ที่สุดอยู่ที่ไหนครับ/คะ
[쑤~ㄴ 버-리까~ㄴ 낙 터^-ㅇ 티-아우 티- 끌라이
티- 쑷 유- 티- 나이 크랍/카]

## 10 입장권

บัตรเข้าชม
[밧 카오 촘]

· 입장료는 얼마인가요?

บัตรเข้าชมเท่าไรครับ/คะ
[밧 카오 촘 타오라이 크랍/카]

· 어린이 입장료는 얼마인가요?

บัตรเข้าชมสำหรับเด็กเท่าไร
ครับ/คะ
[밧 카오 촘 쌈랍 덱 타오라이 크랍/카]

· 입장권만 사면 다 볼 수
있나요?

ถ้าซื้อบัตรเข้าชม จะดูได้ทั้งหมด
หรือครับ/คะ
[타- 쓰- 밧 카오 촘, 짜 두- 다이 탕 못
르- 크랍/카]

## 11 할인

ส่วนลด
[쑤안 롯]

· 할인되나요?

มีส่วนลดไหมครับ/คะ
[미- 쑤안 롯 마이 크랍/카]

· 학생은 할인되나요?

มีส่วนลดสำหรับนักเรียนไหมครับ/คะ
[미- 쑤안 롯 쌈랍 낙리안 마이 크랍/카]

· 노인(경로우대)은 할인되나요?

มีส่วนลดสำหรับผู้สูงอายุไหมครับ/คะ
[미- 쑤안 롯 쌈랍 푸- 쑤-ㅇ 아-유 마이 크랍/카]

· 단체는 할인되나요?

มีส่วนลดสำหรับหมู่คณะไหมครับ/คะ
[미- 쑤안 롯 쌈랍 무- 카나 마이 크랍/카]

관광

## 12 개장시간 📖

เวลาเปิดทำการ
[웨-ㄹ라- 쁘ㅓ-ㅅ 탐까-ㄴ]

· 개장시간은 어떻게 되나요?

เวลาเปิดทำการกี่โมงครับ/คะ
[웨-ㄹ라- 쁘ㅓ-ㅅ 탐까-ㄴ 끼- 모-ㅇ 크랍/카]

· 언제 여나요?

จะเปิดกี่โมงครับ/คะ
[짜 쁘ㅓ-ㅅ 끼- 모-ㅇ 크랍/카]

· 언제 닫나요?

จะปิดกี่โมงครับ/คะ
[짜 삣 끼- 모-ㅇ 크랍/카]

· 오늘 랏따나꼬씬 전시회는
여나요?

วันนี้นิทรรศน์รัตนโกสินทร์จะ
เปิดไหมครับ/คะ
[완 니- 니탓 랏따나꼬-씬 짜
쁘ㅓ-ㅅ 마이 크랍/카]

## 13 금지 🚫

ห้าม
[하-ㅁ]

· 진입 금지

ห้ามเข้า
[하-ㅁ 카오]

· 사진 촬영 금지

ห้ามถ่ายรูป
[하-ㅁ 타-이 루-ㅂ]

· 비디오 촬영 금지

ห้ามถ่ายวีดีโอ
[하-ㅁ 타-이 위-디-오-]

· 만지지 마세요.

ห้ามแตะต้อง
[하-ㅁ 때떠-ㅇ]

## 14 지도

แผนที่
[패-ㄴ 티-]

· 지도 있나요?

มีแผนที่ไหมครับ/คะ
[미- 패-ㄴ 티- 마이 크랍/카]

· 방콕 지도가 있나요?

มีแผนที่กรุงเทพ ๆ ไหมครับ/คะ
[미- 패-ㄴ 티- 끄룽테-ㅂ 마이 크랍/카]

· 유명 관광지 지도가 있나요?

มีแผนที่สถานที่ท่องเที่ยว
ที่มีชื่อเสียงไหมครับ/คะ
[미- 패-ㄴ 티- 싸타-ㄴ 티- 터-ㅇ 티-아우
티- 미- 츠- 씨-앙 마이 크랍/카]

## 15 사진 찍다

ถ่ายรูป
[타-이 루-ㅂ]

· 여기에서 사진 찍어도 되나요?

ถ่ายรูปที่นี่ได้ไหมครับ/คะ
[타-이 루-ㅂ 티- 니- 다이 마이 크랍/카]

· 여기에서 사진 찍으면 안 돼요.

ถ่ายรูปที่นี่ไม่ได้ครับ/ค่ะ
[타-이 루-ㅂ 티- 니- 마이 다이 크랍/카]

· 사진 좀 찍어 주세요.

ช่วยถ่ายรูปให้หน่อยครับ/ค่ะ
[추-아이 타-이 루-ㅂ 하이 너-이 크랍/카]

· 한 장만 더 찍어주세요.

ช่วยถ่ายอีกรูปหนึ่งให้หน่อยครับ/ค่ะ
[추-아이 타-이 이-ㄱ 루-ㅂ 능 하이 너-이 크랍/카]

· 제가 사진 찍어 드릴게요.

ผม/ดิฉันจะถ่ายรูปให้นะครับ/คะ
[폼/디찬 짜 타-이 루-ㅂ 하이 나 크랍/카]

관광

## 16 설명하다

อธิบาย
[아티바-이]

· 이것을 설명해주세요.

ช่วยอธิบายอันนี้ให้หน่อยครับ/ค่ะ
[추-아이 아티바-이 안 니- 하이 너-이 크랍/카]

· 설명해주실 분이 있나요?

มีคนที่จะอธิบายให้ได้ไหมครับ/คะ
[미- 콘 티- 짜 아티바-이 하이 다이 마이 크랍/카]

· 한 번 더 설명해 주실 수
있나요?

ช่วยอธิบายอีกครั้งได้ไหมครับ/คะ
[추-아이 아티바-이 이-ㄱ 크랑 다이 마이 크랍/카]


## 17 관광 가이드

ไกด์
[까이]

· 관광 가이드가 누구신가요?

ใครเป็นไกด์ครับ/คะ
[크라이 뻰 까이 크랍/카]

· 가이드가 필요해요.

ผม/ดิฉันต้องการไกด์ครับ/ค่ะ
[폼/디찬 떠-ㅇ 까-ㄴ 까이 크랍/카]

· 여기에 한국인 가이드가
있나요?

ที่นี่มีไกด์เกาหลีไหมครับ/คะ
[티- 니- 미- 까이 까올리- 마이 크랍/카]

· 한국인 통역사가 있나요?

มีล่ามเกาหลีไหมครับ/คะ
[미- 라-ㅁ 까올리- 마이 크랍/카]

## 18 ~해보다

ลอง
[러-ㅇ]

· 이것을 해볼 수 있나요?

ลองทำอันนี้ได้ไหมครับ/คะ
[러-ㅇ 탐 안 니- 다이 마이 크랍/카]

· 스노클링을 해 보고 싶어요.

อยากลองดำน้ำดูครับ/ค่ะ
[야-ㄱ 러-ㅇ 담나-ㅁ 두- 크랍/카]

· 소수 민족 마을을 가보고
싶어요.

อยากลองไปเที่ยวหมู่บ้านชาวเขา
ดูครับ/ค่ะ
[야-ㄱ 러-ㅇ 빠이 티-아우 무- 바-ㄴ 차-우 카오
두- 크랍/카]

## 19 기념품 가게 🎁

ร้านของที่ระลึก
[라-ㄴ 커-ㅇ 티- 라륵]

· 기념품 가게는 어디에 있나요?

ร้านของที่ระลึกอยู่ที่ไหนครับ/คะ
[라-ㄴ 커-ㅇ 티- 라륵 유- 티- 나이 크랍/카]

· 기념품 가게는 먼가요?

ร้านของที่ระลึกอยู่ไกลไหมครับ/คะ
[라-ㄴ 커-ㅇ 티- 라륵 유- 끌라이 마이 크랍/카]

· 기념품을 사려고 해요.

กำลังจะซื้อของที่ระลึกครับ/ค่ะ
[깜랑 짜 쓰- 커-ㅇ 티- 라륵 크랍/카]

## 20 화장실 🚻

ห้องน้ำ
[허-ㅇ 나-ㅁ]

· 화장실은 어디 있어요?

ห้องน้ำอยู่ที่ไหนครับ/คะ
[허-ㅇ 나-ㅁ 유- 티- 나이 크랍/카]

· 화장실은 밖에 있나요?

ห้องน้ำอยู่ข้างนอกหรือครับ/คะ
[허-ㅇ 나-ㅁ 유- 카-ㅇ 너-ㄱ 르- 크랍/카]

· 화장실은 공연장 안에는 없나요?

ไม่มีห้องน้ำในโรงละครหรือครับ/คะ
[마이 미- 허-ㅇ 나-ㅁ 나이 로-ㅇ 라커-ㄴ 르-
크랍/카]

## 21 팸플릿 📖

โบรชัวร์
[브로-추-아]

· 팸플릿은 어디에 있나요?

โบรชัวร์อยู่ที่ไหนครับ/คะ
[브로-추-아 유- 티- 나이 크랍/카]

· 팸플릿을 하나 주세요.

ขอโบรชัวร์แผ่นหนึ่งครับ/ค่ะ
[커- 브로-추-아 패-ㄴ 능 크랍/카]

· 한국어 팸플릿이 있나요?

มีโบรชัวร์ภาษาเกาหลีไหมครับ/คะ
[미- 브로-추-아 파-싸- 까올리- 마이 크랍/카]

## 22 예매하다 🎫

จองตั๋ว
[쩌-ㅇ 뚜-아]

· 공연 티켓을 예매하려고 해요.

กำลังจะจองตั๋วการแสดงครับ/ค่ะ
[깜랑 짜 쩌-ㅇ 뚜-아 까-ㄴ 싸대-ㅇ 크랍/카]

· 미리 예매하면 할인되나요?

ถ้าจองตั๋วล่วงหน้า มีส่วนลดไหม
ครับ/คะ

[타̂- 쩌-ㅇ 뚜̌-아 루̂-앙 나̂, 미- 쑤̀-안 롯 마̌이
크랍/카̂]

· 예매했어요.

จองตั๋วไว้แล้วครับ/ค่ะ

[쩌-ㅇ 뚜̌-아 와́이 래́-우 크랍/카̂]

· 예매를 안 했어요.

ไม่ได้จองตั๋วไว้ครับ/ค่ะ

[마̂이 다̂이 쩌-ㅇ 뚜̌-아 와́이 크랍/카̂]

## 23 매진되다

ขายหมดแล้ว

[카̌이 못 래́-우]

· 매진이 되었나요?

ขายหมดแล้วหรือครับ/คะ

[카̌이 못 래́-우 르̌- 크랍/카̂]

· 표가 아예 없나요?

ตั๋วหมดเกลี้ยงเลยหรือครับ/คะ

[뚜̌-아 못 끌리́-앙 르ㅓ-이 르̌- 크랍/카̂]

## 24 좌석

ที่นั่ง

[티̂- 낭̂]

· 앞 좌석으로 주세요.

ขอที่นั่งแถวหน้าครับ/ค่ะ

[커̌- 티̂- 낭̂ 태̌-우 나̂- 크랍/카̂]

· 뒷좌석으로 주세요.

ขอที่นั่งแถวหลังครับ/ค่ะ

[커̌- 티̂- 낭̂ 태̌-우 랑̌ 크랍/카̂]

· 중간 좌석으로 주세요.

ขอที่นั่งตรงกลางครับ/ค่ะ

[커̌- 티̂- 낭̂ 뜨롱 끌라-ㅇ 크랍/카̂]

관광

## 25 공연 🎭

การแสดง
[까-ㄴ 싸대-ㅇ]

· 공연은 언제 시작하나요?

การแสดงจะเริ่มเมื่อไรครับ/คะ
[까-ㄴ 싸대-ㅇ 짜 르ㅓ-ㅁ 므^아라이 크랍/카]

· 공연은 얼마 동안 하나요?

การแสดงจะใช้เวลาเท่าไรครับ/คะ
[까-ㄴ 싸대-ㅇ 짜 차이 웨-ㄹ라- 타오라이
크랍/카]

· 공연이 취소되었어요.

การแสดงถูกยกเลิกไปแล้วครับ/ค่ะ
[까-ㄴ 싸대-ㅇ 투-ㄱ 욕르ㅓ-ㄱ 빠이 래-우
크랍/카]


## 26 공연 보는 중에 ⏰

ระหว่างชมการแสดง
[라와-ㅇ 촘 까-ㄴ 싸대-ㅇ]]

· 공연 보는 중에 뭐 먹어도
되나요?

ระหว่างชมการแสดงกินอะไรบ้าง
ได้ไหมครับ/คะ
[라와-ㅇ 촘 까-ㄴ 싸대-ㅇ 낀 아라이 바-ㅇ
다이 마이 크랍/카]

· 공연 보는 중에 사진 찍어도
되나요?

ระหว่างชมการแสดงถ่ายรูป
ได้ไหมครับ/คะ
[라와-ㅇ 촘 까-ㄴ 싸대-ㅇ 타이 루-ㅂ
다이 마이 크랍/카]

## 27 케이블카

**รถเคเบิ้ล**
[롣 케-뷘]

· 케이블카는 어디에서 타나요? → **ขึ้นรถเคเบิ้ลที่ไหนครับ/คะ**
[큰 롣 케-뷘 티- 나이 크랍/카]

· 케이블카에 최대 몇 명이 탈 수 있나요? → **รถเคเบิ้ลนั่งได้กี่คนครับ/คะ**
[롣 케-뷘 낭 다이 끼- 콘 크랍/카]

· 케이블카 티켓은 어디에서 구매하나요? → **ซื้อตั๋วรถเคเบิ้ลได้ที่ไหนครับ/คะ**
[쓰- 뚜-아 롣 케-뷘 다이 티- 나이 크랍/카]

· 케이블카 운행 시간은 어떻게 되나요? → **รถเคเบิ้ลเปิดให้บริการตั้งแต่ กี่โมงถึงกี่โมงครับ/คะ**
[롣 케-뷘 쁘ㅓ-ㅅ 하이 버-리까-ㄴ 땅때- 끼- 모-ㅇ 틍 끼- 모-ㅇ 크랍/카]

## 28 마사지 👣

**นวด**
[누-앗]

· 근처에 마사지숍이 있나요? → **แถวนี้มีร้านนวดไหมครับ/คะ**
[태-우 니- 미- 라-ㄴ 누-앗 마이 크랍/카]

· 발 마사지를 받고 싶어요. → **อยากนวดเท้าครับ/ค่ะ**
[야-ㄱ 누-앗 타오 크랍/카]

· 더 세게 해주실 수 있나요? → **นวดแรงกว่านี้ได้ไหมครับ/คะ**
[누-앗 래-ㅇ 꽈- 니- 다이 마이 크랍/카]

· 더 약하게 해주실 수 있나요? → **นวดเบากว่านี้ได้ไหมครับ/คะ**
[누-앗 바오 꽈- 니- 다이 마이 크랍/카]

# 위급상황

필요한 단어! **T 08-03**

| 01 | 잃어버리다 | ทำหาย [탐 하-이] |
|---|---|---|
| 02 | 찾아야 해요 | ต้องหา [떠-ㅇ 하-] |
| 03 | ~해주세요 | ช่วย [추-아이] |
| 04 | 소통하다 | สื่อสาร [쓰-싸-ㄴ] |

# 빨리 찾아

· 티켓을 잃어버렸어요.
ทำตั๋วหายครับ/ค่ะ
[탐 뚜-아 하-이 크랍/카]

· 가방을 잃어버렸어요.
ทำกระเป๋าหายครับ/ค่ะ
[탐 끄라빠오 하-이 크랍/카]

· 휴대 전화를 잃어버렸어요.
ทำมือถือหายครับ/ค่ะ
[탐 므-트- 하-이 크랍/카]

· 분실물 센터가 어디인가요?
ศูนย์ข้อมูลของหายอยู่ที่ไหนครับ/คะ
[쑤-ㄴ 커-무-ㄴ 커-ㅇ 하-이 유- 티- 나이 크랍/카]

· 제 가이드를 찾아야 해요.
ต้องหาไกด์ของผมครับ/ดิฉันค่ะ
[떠-ㅇ 하- 까이 커-ㅇ 폼 크랍/디찬 카]

· 제 투어 버스를 찾아야 해요.
ต้องหารถทัวร์ของผมครับ/ดิฉันค่ะ
[떠-ㅇ 하- 롯 투-아 커-ㅇ 폼 크랍/디찬 카]

· 제 가이드를 불러주세요.
ช่วยเรียกไกด์ของผม/ดิฉันให้หน่อย
ครับ/ค่ะ
[추-아이 리-악 까이 커-ㅇ 폼/디찬 하이 너-이
크랍/카]

· 가방을 찾아주세요.
ช่วยหากระเป๋าของผม/ดิฉันให้หน่อย
ครับ/ค่ะ
[추-아이 하- 끄라빠오 커-ㅇ 폼/디찬 하이 너-이
크랍/카]

· 영어 할 줄 아시는 분
계시나요?
มีใครพูดภาษาอังกฤษเป็นไหมครับ/คะ
[미- 크라이 푸-ㅅ 파-싸- 앙끄릿 뻰 마이 크랍/카]

관광

คิวของดิฉันค่ะ
ไปต่อแถวสิคะ

제 차례예요, 줄 서세요.

ขอโทษครับ

죄송합니다.

ขอตั๋วใบหนึ่งค่ะ

티켓 한 장 주세요.

## 망설이지 말자!
อย่าลังเลกันเลย

**티켓을 두 장 주세요.**
**ขอตั๋วสองใบค่ะ**
[커- 뚜-아 써-ㅇ 바이 카]

**얼마예요?**
**เท่าไรคะ**
[타오라이 카]

**팸플릿이 있나요?**
**มีโบรชัวร์ไหมคะ**
[미- 브로-추-아 마이 카]

**PART 09**

# 쇼핑할 때

# 🛍️ 쇼핑할 때

많은 단어를 알 필요 없다
왜? 말할 게 뻔하니까!

T 09-01

| 01 | 둘러보다 | ดูเฉย ๆ<br>[두- 츠ㅓ이 츠ㅓ-이] |
|----|---------|------|
| 02 | 추천하다 | แนะนำ<br>[내남] |
| 03 | 이것이 있나요? | มีอันนี้ไหมครับ/คะ<br>[미- 안 니- 마이 크랍/카] |
| 04 | 셔츠 | เสื้อเชิ้ต<br>[쓰ᅳ아 츠ㅓ-ㅅ] |
| 05 | 치마/바지 | กระโปรง / กางเกง<br>[끄라쁘로-ㅇ / 까-ㅇ께-ㅇ] |
| 06 | 사이즈 | ไซส์<br>[싸이] |
| 07 | 입어(신어)보다 | ลองใส่<br>[러-ㅇ 싸이] |
| 08 | 피팅룸 | ห้องลองชุด<br>[허-ㅇ 러-ㅇ 춧] |
| 09 | 지역특산품 | สินค้าโอท็อป<br>[씬카- 오- 텁] |
| 10 | 선물 | ของฝาก<br>[커-ㅇ 퐈-ㄱ] |
| 11 | 주류 | เครื่องดื่มแอลกอฮอล์<br>[크르ᅳ앙 드ᅳ-ㅁ 애-ㄹ꺼-허-] |

쇼핑

# 빨리 찾아 읽으세요! T 09-02

## 01 둘러보다 😊💨

ดูเฉย ๆ
[두- 츠Ꞌ이 츠Ꞌ-이]

---

· 단지 둘러보는 거예요.

แค่ดูเฉย ๆ ครับ/ค่ะ
[캐- 두- 츠Ꞌ이 츠Ꞌ-이 크랍/카]

· 도움이 필요하면 부를게요.

ถ้าต้องการความช่วยเหลือ
จะเรียกนะครับ/คะ
[타- 떠-ㅇ까-ㄴ 콰-ㅁ 추-아이 르-아
짜 리-악 나 크랍/카]

## 02 추천하다 👍

แนะนำ
[내남]

---

· 추천할 만한 옷이 있나요?

มีเสื้อผ้าจะแนะนำให้ไหมครับ/คะ
[미- 쓰-아 파- 짜 내남 하이 마이 크랍/카]

· 추천할 만한 선물이 있나요?

มีของฝากจะแนะนำให้ไหมครับ/คะ
[미- 커-ㅇ 파-ㄱ 짜 내남 하이 마이 크랍/카]

· 부모님 선물을 추천해주세요.

ช่วยแนะนำของฝากสำหรับพ่อแม่
ให้หน่อยครับ/ค่ะ
[추-아이 내남 커-ㅇ 파-ㄱ 쌈랍 퍼- 매-
하이 너-이 크랍/카]

## 03 이것이 있나요?

มีอันนี้ไหมครับ/คะ
[미- 안 니- 마이 크랍/카]

· 이것이 있나요?

มีอันนี้ไหมครับ/คะ
[미- 안 니- 마이 크랍/카]

· 더 저렴한 것이 있나요?

มีของถูกกว่านี้ไหมครับ/คะ
[미- 커-ㅇ 투-ㄱ 꽈- 니- 마이 크랍/카]

· 다른 것이 있나요?

มีอย่างอื่นไหมครับ/คะ
[미- 야-ㅇ 으-ㄴ 마이 크랍/카]

· 다른 색이 있나요?

มีสีอื่นไหมครับ/คะ
[미- 씨- 으-ㄴ 마이 크랍/카]

· 큰 사이즈가 있나요?

มีไซส์ใหญ่ไหมครับ/คะ
[미- 싸이 야이 마이 크랍/카]

· 작은 사이즈가 있나요?

มีไซส์เล็กไหมครับ/คะ
[미- 싸이 렉 마이 크랍/카]

· 새것이 있나요?

มีของใหม่ไหมครับ/คะ
[미- 커-ㅇ 마이 마이 크랍/카]

## 04 셔츠 👕

เสื้อเชิ้ต
[쓰^아 츠 ㅓ-ㅅ]

· 셔츠를 보여주세요.

ขอดูเสื้อเชิ้ตครับ/ค่ะ
[커- 두- 쓰^아 츠 ㅓ-ㅅ 크랍/카]

· 이것보다 긴 셔츠가 있나요?

มีเสื้อเชิ้ตที่ยาวกว่านี้ไหมครับ/คะ
[미- 쓰^아 츠 ㅓ-ㅅ 티- 야-우 꽈- 니- 마이
크랍/카]

· 이것은 남자 옷인가요?

อันนี้เสื้อผู้ชายหรือครับ/คะ
[안 니- 쓰^아 푸- 차-이 르- 크랍/카]

· 이것은 여자 옷인가요?

อันนี้เสื้อผู้หญิงหรือครับ/คะ
[안 니- 쓰^아 푸- 잉 르- 크랍/카]

## 05 치마/바지 👗 👖

กระโปรง / กางเกง
[끄라쁘로-ㅇ / 까-ㅇ께-ㅇ]

· 치마/바지를 보여주세요.

ขอดูกระโปรง / กางเกงครับ/ค่ะ
[커- 두- 끄라쁘로-ㅇ / 까-ㅇ께-ㅇ 크랍/카]

· 긴 치마가 있나요?

มีกระโปรงยาวไหมครับ/คะ
[미- 끄라쁘로-ㅇ 야-우 마이 크랍/카]

· 긴 바지가 있나요?

มีกางเกงยาวขายาวไหมครับ/คะ
[미- 까-ㅇ께-ㅇ 카- 야-우 마이 크랍/카]

· 짧은 치마가 있나요?

มีกระโปรงสั้นไหมครับ/คะ
[미- 끄라쁘로-ㅇ 싼 마이 크랍/카]

· 짧은 바지가 있나요?

มีกางเกงยาวสั้นไหมครับ/คะ
[미- 까-ㅇ께-ㅇ 카- 싼 마이 크랍/카]

## 06 사이즈

ไซส์
[싸이]

· 이 사이즈가 있나요?

มีไซส์นี้ไหมครับ/คะ
[미- 싸이 니- 마이 크랍/카]

· 너무 커요.

ใหญ่เกินไปครับ/ค่ะ
[야이 끄ㅓ-ㄴ 빠이 크랍/카]

· 너무 작아요.

เล็กเกินไปครับ/ค่ะ
[렉 끄ㅓ-ㄴ 빠이 크랍/카]

· 더 큰 사이즈로 주세요.

ขอไซส์ใหญ่กว่านี้ครับ/ค่ะ
[커- 싸이 야이 꽈- 니- 크랍/카]

· 더 작은 사이즈로 주세요.

ขอไซส์เล็กกว่านี้ครับ/ค่ะ
[커- 싸이 렉 꽈- 니- 크랍/카]


## 07 입어(신어)
보다

ลองใส่
[러-ㅇ 싸이]

· 이것으로 입어(신어)볼게요.

จะลองใส่อันนี้ดูนะครับ/คะ
[짜 러-ㅇ 싸이 안 니- 두- 나 크랍/카]

· 다른 사이즈도 입어(신어)
볼게요.

จะลองใส่ไซส์อื่นด้วยนะครับ/คะ
[짜 러-ㅇ 싸이 싸이 으-ㄴ 두-아이 나 크랍/카]

쇼핑

## 08 피팅룸 🚪

ห้องลองชุด
[허^0 러^0 춧]

· 피팅룸이 어디인가요?

ห้องลองชุดอยู่ที่ไหนครับ/คะ
[허^0 러^0 춧 유` 티^ 나이 크랍/카]

· 피팅룸을 못 찾겠어요.

หาห้องลองชุดไม่เจอครับ/ค่ะ
[하` 허^0 러^0 춧 마이 쯔ㅓ- 크랍/카]

· 몇 개를 입어볼 수 있나요?

ลองใส่ได้กี่ชุดครับ/คะ
[러^0 싸이 다이 끼` 춧 크랍/카]

· 이것은 안 입어봤어요.

อันนี้ยังไม่ได้ลองใส่ครับ/ค่ะ
[안 니^ 양 마이 다이 러^0 싸이 크랍/카]

· 이것으로 주세요.

ขออันนี้ครับ/ค่ะ
[커- 안 니^ 크랍/카]

## 09 지역특산품 🏠

สินค้าโอท็อป
[씬카- 오-텁]

· 이 지역에서 가장 유명한
  특산품은 무엇인가요?

สินค้าโอท็อปที่มีชื่อเสียงที่สุด
ของที่นี่คืออะไรครับ/คะ
[씬카- 오-텁 티- 미- 츠- 씨`양 티- 쑷
커^0 티- 니` 크- 아라이 크랍/카]

· 지역 특산품이 있나요?

มีสินค้าโอท็อปไหมครับ/คะ
[미- 씬카- 오-텁 마이 크랍/카]

· 어떤 것이 제일 잘 팔리나요? **อันไหนขายดีที่สุดครับ/คะ**
[안 나이 카이 디- 티- 쑷 크랍/카]


## 10 선물 🎁

**ของฝาก**
[커-ㅇ 퐈-ㄱ]

· 선물로는 무엇이 좋나요? **ซื้อของฝากอะไรดีครับ/คะ**
[쓰- 커-ㅇ 퐈-ㄱ 아라이 디- 크랍/카]

· 이것은 선물로 잘 어울리나요? **อันนี้เหมาะสำหรับเป็นของฝากไหม**
**ครับ/คะ**
[안 니- 머 쌈랍 뺀 커-ㅇ 퐈-ㄱ 마이 크랍/카]


## 11 주류 🍷

**เครื่องดื่มแอลกอฮอล์**
[크르̂-앙 드̀-ㅁ 애-ㄹ꺼-허-]

· 술은 어디에서 사나요? **ซื้อเครื่องดื่มแอลกอฮอล์ได้**
**ที่ไหนครับ/คะ**
[쓰- 크르̂-앙 드̀-ㅁ 애-ㄹ꺼-허- 다̂이 티- 나이 크랍/카]

· 레드 와인을 보여주세요. **ขอดูไวน์แดงครับ/ค่ะ**
[커- 두- 와이 대-ㅇ 크랍/카]

· 1인당 몇 병을 살 수 있나요? **ซื้อได้คนละกี่ขวดครับ/คะ**
[쓰- 다̂이 콘 라 끼- 쿠-앗 크랍/카]

## 12 차 🍵

ชา
[차-]

· 녹차가 있나요?
มีชาเขียวไหมครับ/คะ
[미- 차- 키-아우 마이 크랍/카]

· 홍차가 있나요?
มีชาดำไหมครับ/คะ
[미- 차- 담 마이 크랍/카]

· 밀크티가 있나요?
มีชานมไหมครับ/คะ
[미- 차- 놈 마이 크랍/카]


## 13 향수 🏺

น้ำหอม
[남 허-ㅁ]

· 향수를 보여주세요.
ขอดูน้ำหอมครับ/ค่ะ
[커- 두- 남 허-ㅁ 크랍/카]

· 이 향을 맡아봐도 되나요?
ลองดมกลิ่นนี้ได้ไหมครับ/คะ
[러-ㅇ 돔 끌린 니- 다이 마이 크랍/카]

· 다른 향 있나요?
มีกลิ่นอื่นไหมครับ/คะ
[미- 끌린 으-ㄴ 마이 크랍/카]

## 14 시계

นาฬิกา
[나-ㄹ리까-]

· 손목시계를 보여주세요.

ขอดูนาฬิกาข้อมือครับ/ค่ะ
[커- 두- 나-ㄹ리까- 커- 므- 크랍/카]

· 여자 시계를 보여주세요.

ขอดูนาฬิกาผู้หญิงครับ/ค่ะ
[커- 두- 나-ㄹ리까- 푸- 잉 크랍/카]

· 남자 시계를 보여주세요.

ขอดูนาฬิกาผู้ชายครับ/ค่ะ
[커- 두- 나-ㄹ리까- 푸- 차-이 크랍/카]


## 15 가방

กระเป๋า
[끄라빠오]

· 가방을 보여주세요.

ขอดูกระเป๋าครับ/ค่ะ
[커- 두- 끄라빠오 크랍/카]

· 백팩을 보여주세요.

ขอดูกระเป๋าเป้ครับ/ค่ะ
[커- 두- 끄라빠오 뻬- 크랍/카]

· 숄더백을 보여주세요.

ขอดูกระเป๋าสะพายครับ/ค่ะ
[커- 두- 끄라빠오 싸파-이 크랍/카]

· 토트백을 보여주세요.

ขอดูกระเป๋าถือครับ/ค่ะ
[커- 두- 끄라빠오 트- 크랍/카]

· 지갑을 보여주세요.

ขอดูกระเป๋าสตางค์ครับ/ค่ะ
[커- 두- 끄라빠오 싸따-ㅇ 크랍/카]

쇼핑

## 16 화장품

เครื่องสำอาง
[크르-앙 쌈아-ㅇ]

· 화장품 코너는 어디인가요?

โซนขายเครื่องสำอางอยู่ที่ไหน
ครับ/คะ
[쏘-ㄴ 카-이 크르-앙 쌈아-ㅇ 유- 티- 나이
크랍/카]

· 화장품을 보여주세요.

ขอดูเครื่องสำอางครับ/ค่ะ
[커- 두- 크르-앙 쌈아-ㅇ 크랍/카]

· 파운데이션을 보여주세요.

ขอดูครีมรองพื้นครับ/ค่ะ
[커- 두- 크리-ㅁ 러-ㅇ 프-ㄴ 크랍/카]

· 립스틱을 보여주세요.

ขอดูลิปสติกครับ/ค่ะ
[커- 두- 립싸띡 크랍/카]


## 17 할인/세일 SALE

ลดราคา
[롯 라-카-]

· 할인이 되나요?

ลดราคาให้ได้ไหมครับ/คะ
[롯 라-카- 하이 다이 마이 크랍/카]

· 얼마나 할인을 해주시나요?

จะลดราคาให้ได้เท่าไรครับ/คะ
[짜 롯 라-카- 하이 다이 타오라이 크랍/카]

· 할인을 더 해주실 수 있나요?

ลดราคาให้อีกได้ไหมครับ/คะ
[롯 라-카- 하이 이-ㄱ 다이 마이 크랍/카]

· 이것은 세일 중인가요?

อันนี้กำลังลดราคาอยู่หรือครับ/คะ
[안 니- 깜랑 롯 라-카- 유- 르- 크랍/카]

· 이 가격은 세일 금액인가요?　　ราคานี้เป็นราคาที่ลดแล้วหรือ
　　　　　　　　　　　　　　　ครับ/คะ
　　　　　　　　　　　　　　　[라-카- 니- 뻰 라-카- 티- 롯 래-우 르- 크랍/카]

· 이것도 세일 중인 게 맞나요?　อันนี้ก็ลดราคาอยู่ใช่ไหมครับ/คะ
　　　　　　　　　　　　　　　[안 니- 꺼- 롯 라-카- 유- 차이 마이 크랍/카]

## 18 지급하다　จ่าย
　　　　　　　　[짜-이]

· 이것은 얼마인가요?　　　อันนี้เท่าไรครับ/คะ
　　　　　　　　　　　　[안 니- 타오라이 크랍/카]

· 2,000바트입니다.　　　2,000 บาทครับ/ค่ะ
　　　　　　　　　　　　[써-ㅇ 판 바-ㅅ 크랍/카]

· 너무 비싸요.　　　　　แพงเกินไปครับ/ค่ะ
　　　　　　　　　　　　[패-ㅇ 끄ㅓ-ㄴ 빠이 크랍/카]

· 조금만 깎아주세요.　　ลดให้หน่อยครับ/ค่ะ
　　　　　　　　　　　　[롯 하이 너-이 크랍/카]

· 현금으로 할게요.　　　จะจ่ายเงินสดครับ/ค่ะ
　　　　　　　　　　　　[짜 짜-이 응언 쏫 크랍/카]

· 카드로 할게요.　　　　จะจ่ายบัตรเครดิตครับ/ค่ะ
　　　　　　　　　　　　[짜 짜-이 밧 크레-딧 크랍/카]

## 19 영수증 📝

ใบเสร็จ
[바이 쎗]

· 영수증이 필요하세요?

ต้องการใบเสร็จไหมครับ/คะ
[떠-ㅇ까-ㄴ 바이 쎗 마이 크랍/카]

· 영수증이 필요해요.

ต้องการใบเสร็จครับ/ค่ะ
[떠-ㅇ까-ㄴ 바이 쎗 크랍/카]

· 영수증을 안 주셨어요.

ยังไม่ได้ให้ใบเสร็จครับ/ค่ะ
[양 마이 다이 하이 바이 쎗 크랍/카]


## 20 포장하다

ห่อ
[허-]

· 포장을 해주세요.

กรุณาห่อให้ด้วยครับ/ค่ะ
[까루나- 허- 하이 두-아이 크랍/카]

· 따로따로 포장을 해주세요.

กรุณาห่อแยกให้หน่อยครับ/ค่ะ
[까루나- 허- 얘-ㄱ 하이 너-이 크랍/카]

· 포장은 이것 하나만 해주세요.

ห่อเฉพาะอันนี้อันเดียวนะครับ/คะ
[허- 차퍼 안 니- 안 디-아우 나 크랍/카]

· 포장 비용이 있나요?

มีค่าห่อไหมครับ/คะ
[미- 카- 허- 마이 크랍/카]

## 21 깨지기 쉬운 물건 ของแตกง่าย
[커-ㅇ 때-ㄱ 응아-이]

· 이것은 깨지기 쉬운 물건이에요.
อันนี้คือของแตกง่ายครับ/ค่ะ
[안 니- 크- 커-ㅇ 때-ㄱ 응아-이 크랍/카]

· 조심해주세요.
กรุณาระมัดระวังด้วยนะครับ/คะ
[까루나- 라맛 라왕 두-아이 나 크랍/카]

· 잘 포장해주세요.
กรุณาห่อให้ดี ๆ นะครับ/คะ
[까루나- 허- 하이 디 디- 나 크랍/카]

### 태국 더 알기! OTOP 상품이 무엇인가요?

태국의 상점과 공항에서 OTOP라는 상표가 붙은 상품들을 자주 볼 수 있습니다. OTOP은 One Tampon One Product의 줄임말로, '하나의 땀본(땀본: 태국의 행정구역 단위, 우리나라의 '읍' 혹은 '면'에 해당)의 하나의 상품'이라는 뜻을 의미합니다. 즉, 태국 정부에서 공인하는 지역 특산품입니다. 상품의 포장이 화려하지는 않지만, 내용물을 믿고 구매해도 괜찮습니다.

# 위급상황 필요한 단어! T 09-03

| 01 | 돈 냈어요 | จ่ายเงินแล้วครับ/ค่ะ<br>[짜-이 응원 래-우 크랍/카] |
|---|---|---|
| 02 | 교환하다 | เปลี่ยน<br>[쁠리-안] |
| 03 | 환불하다 | คืนเงิน<br>[크-ㄴ 응원] |
| 04 | 너무 작아요 | เล็กเกินไปครับ/ค่ะ<br>[렉 끄ㅓ-ㄴ 빠이 크랍/카] |
| 05 | 너무 커요 | ใหญ่เกินไปครับ/ค่ะ<br>[야이 끄ㅓ-ㄴ 빠이 크랍/카] |
| 06 | 안 맞아요 | ใส่ไม่ได้ครับ/ค่ะ<br>[싸이 마이 다이 크랍/카] |

236 | 여행 태국어

# 빨리 찾아

· 이미 돈을 냈어요.

จ่ายเงินไปแล้วครับ/ค่ะ

[짜-이 응읜 빠-이 래-우 크랍/카]

· 교환하고 싶어요.

อยากเปลี่ยนครับ/ค่ะ

[야-ㄱ 쁠리-안 크랍/카]

· 왜 교환하시려고 하나요?

จะเปลี่ยนเพราะอะไรครับ/คะ

[짜 쁠리-안 프러 아라이 크랍/카]

· 너무 작아요.

เล็กเกินไปครับ/ค่ะ

[렉 끄ㅓ-ㄴ 빠-이 크랍/카]

· 너무 커요.

ใหญ่เกินไปครับ/ค่ะ

[야이 끄ㅓ-ㄴ 빠-이 크랍/카]

· 이 사이즈는 안 맞아요.

ไซส์นี้ใส่ไม่ได้ครับ/ค่ะ

[싸이 니- 싸이 마이 다이 크랍/카]

· 환불하고 싶어요.

อยากขอเงินคืนครับ/ค่ะ

[야-ㄱ 커- 응읜 크-ㄴ 크랍/카]

· 영수증 있으세요?

มีใบเสร็จรับเงินไหมครับ/คะ

[미- 바이 쎗 랍 응읜 마이 크랍/카]

· 결제하셨던 카드 있으세요?

มีบัตรที่ใช้ตอนชำระเงินไหม
ครับ/คะ

[미- 밧 티- 차이 떠-ㄴ 참라 응읜 마이 크랍/카]

쇼핑

เล็กเกินไปค่ะ
มีไซส์ใหญ่ไหมคะ

너무 작아요.
큰 사이즈가 있나요?

## 망설이지 말자!
อย่าลังเลเลย

너무 커요.
**ใหญ่เกินไปค่ะ**
[야이 끄 +-ㄴ 빠이 카]

다른 사이즈가 있나요?
**มีไซส์อื่นไหมคะ**
[미- 싸이 으-ㄴ 마이 카]

다른 색도 있나요?
**มีสีอื่นด้วยไหมคะ**
[미- 씨- 으-ㄴ 두-아이 마이 카]

# PART 10

## 귀국할 때

# 귀국할 때

많은 단어를 알 필요 없다
왜? 말할 게 뻔하니까!

**T 10-01**

| 01 | 확인하다 | เช็ค<br>[첵] |
| 02 | 변경하다 | เปลี่ยน<br>[쁠리-안] |
| 03 | 지연되다 | ล่าช้า<br>[라- 차-] |
| 04 | 자리 | ที่นั่ง<br>[티- 낭] |
| 05 | 제한하다 | กำหนด<br>[깜놋] |
| 06 | 수화물 | สัมภาระ<br>[쌈파-라] |
| 07 | 고지하다 | แจ้ง<br>[째-ㅇ] |
| 08 | 경유하다 | แวะ<br>[왜] |
| 09 | 텍스 환급(리펀) | แวต รีฟันด์<br>[왯 리-퐌] |

# 빨리 찾아

읽으세요! T 10-02

## 01 확인하다 ♀️

체크
[첵]

- 비행기 티켓을 확인하려고 해요.

  ขอเช็คตั๋วเครื่องบินครับ/ค่ะ
  [커- 첵 뚜-아 크르-앙 빈 크랍/카]

- 자리를 확인하려고 해요.

  ขอเช็คที่นั่งครับ/ค่ะ
  [커- 첵 티- 낭 크랍/카]

- 출발 시간을 확인하려고 해요.

  ขอเช็คเวลาออกเดินทางครับ/ค่ะ
  [커- 첵 웨-ㄹ라- 어-ㄱ 드ㅓ-ㄴ 타-ㅇ 크랍/카]

## 02 변경하다 🪑🪑

เปลี่ยน
[쁠리-안]

- 비행기를 변경하려고 해요.

  ขอเปลี่ยนตั๋วเครื่องบินครับ/ค่ะ
  [커- 쁠리-안 뚜-아 크르-앙 빈 크랍/카]

- 출발 시간을 변경하려고 해요.

  ขอเปลี่ยนเวลาออกเดินทางครับ/ค่ะ
  [커- 쁠리-안 웨-ㄹ라- 어-ㄱ 드ㅓ-ㄴ 타-ㅇ
  크랍/카]

- 자리를 변경하려고 해요.

  ขอเปลี่ยนที่นั่งครับ/ค่ะ
  [커- 쁠리-안 티- 낭 크랍/카]

## 03 지연되다 ✈

ล่าช้า
[ล่า- ช้า-]

· 비행기가 무슨 일로
지연되나요?

เที่ยวบินล่าช้าเพราะอะไรครับ/คะ
[ที-อ่าว บิน ล่า- ช้า- พร่อ อาราย คฺรับ/คะ]

· 비행기가 지연되는데,
언제까지 기다려야되나요?

เที่ยวบินล่าช้า
แล้วต้องรอถึงเมื่อไรครับ/คะ
[ที-อ่าว บิน ล่า- ช้า-
แล้ว- เตฺ่อง รอ- ถึง มฺ่ว-อาราย คฺรับ/คะ]

· 비행기가 지연되어서 하루 더
있어야 해요.

เที่ยวบินล่าช้าจึงต้องอยู่ต่อ
อีกวันครับ/ค่ะ
[ที-อ่าว บิน ล่า- ช้า- จฺึง เตฺ่อง ยู่- เตฺ่อ-
อี-ก วัน คฺรับ/คะ]


## 04 자리 🪑

ที่นั่ง
[ที่- นั่ง]

· 창가 자리로 주세요.

ขอที่นั่งริมหน้าต่างครับ/ค่ะ
[ขฺอ- ที่- นั่ง ริม น้า ต่า-ง คฺรับ/คะ]

· 복도 자리로 주세요.

ขอที่นั่งริมทางเดินครับ/ค่ะ
[ขฺอ- ที่- นั่ง ริม ทา-ง เดฺ-ิน คฺรับ/คะ]

· 옆자리로 주세요.

ขอที่นั่งติดกันครับ/ค่ะ
[ขฺอ- ที่- นั่ง ตฺิด กัน คฺรับ/คะ]

## 05 제한하다

กำหนด
[깜놋]

· 중량 제한이 몇 킬로그램
  인가요?

กำหนดน้ำหนักไว้กี่กิโลครับ/คะ
[깜놋 남낙 와이 끼- 낄로- 크랍/카]

· 기내 중량 제한은요?

น้ำหนักกระเป๋าขึ้นเครื่องล่ะ
ครับ/คะ
[남낙 끄라빠오 큰 크르-앙 라 크랍/카]

## 06 수화물

สัมภาระ
[쌈파-라]

· 저는 위탁 수화물이 없어요.

ผม/ดิฉันไม่มีสัมภาระจะฝาก
ครับ/ค่ะ
[폼/디찬 마이 미- 쌈파-라 짜 퐈-ㄱ 크랍/카]

· 저는 기내 수화물이 두 개
  있어요.

ผม/ดิฉันมีสัมภาระจะถือขึ้นเครื่อง
สองใบครับ/ค่ะ
[폼/디찬 미- 쌈파-라 짜 트- 큰 크르-앙
써-ㅇ 바이 크랍/카]

· 제 수화물이 무게 초과인가요?

สัมภาระของผม/ดิฉัน
น้ำหนักเกินหรือครับ/คะ
[쌈파-라 커-ㅇ 폼/디찬
남낙 끄ㅓ-ㄴ 르- 크랍/카]

## 07 고지하다

แจ้ง
[째-ㅇ]

· 미리 고지하지 않았어요.

ไม่ได้แจ้งล่วงหน้าครับ/ค่ะ
[마이 다이 째-ㅇ 루-앙 나- 크랍/카]

· 지금 고지하는 것은
  불가능해요.

แจ้งตอนนี้ไม่ทันแล้วครับ/ค่ะ
[째-ㅇ 떠-ㄴ 니- 마이 탄 래-우 크랍/카]

· 좀 해주세요.

ผม/ดิฉันขอร้องนะครับ/คะ
[폼/디찬 커- 러-ㅇ 나 크랍/카]


## 08 경유하다

แวะ
[왜]

· 환승 라운지가 어디인가요?

ห้องรับรองสำหรับผู้โดยสาร
ทรานเฟอร์อยู่ที่ไหนครับ/คะ
[허-ㅇ 랍러-ㅇ 쌈랍 푸- 도-이 싸-ㄴ 트라-ㄴ풔-
유- 티- 나이 크랍/카]

· ○○를 경유해서 인천으로
  가려고 해요.

จะแวะ ○○ แล้วไปอินชอนครับ/คะ
[짜 왜 ○○ 래-우 빠이 인처-ㄴ 크랍/카]

## 09 텍스 환급 (리펀)

แวต รีฟันด์
[왯 리-퐌]

· 텍스 환급하는 곳이
어디인가요?

ที่ทำเรื่องแวต รีฟันด์อยู่ที่ไหน
ครับ/คะ
[티- 탐 르^-앙 왯 리-퐌 유- 티- 나이 크랍/카]

· 텍스 환급이 되나요?

ทำเรื่องแวต รีฟันด์ได้ไหมครับ/คะ
[탐 르^-앙 왯 리-퐌 다이 마이 크랍/카]

· 텍스 환급이 왜 안 되나요?

ทำไมทำแวต รีฟันด์ไม่ได้ครับ/คะ
[탐마이 탐 왯 리-퐌 마이 다이 크랍/카]

## 태국 더 알기!    텍스 환급 절차

하루에 한 곳에서 구매한 금액이 2,000바트를 초과하면 부가가치세(VAT, Value Added Tax)를 환급 받을 수 있습니다. 그러나 반드시 구매 상점에서 부가가치세 환급 영수증을 요청해야 하고, 해당 영수증을 가지고 출국장에 들어가기 전에 확인 도장을 받아야

합니다. 최종적으로 부가가치세를 바트로 돌려받는 곳은 입국장 안에 있습니다. 앞서 언급한 세 가지 절차 중 한 가지 절차라도 빠지면 환급을 받을 수 없으니, 유의해야 합니다.

# 위급상황

필요한 단어! T 10-03

| 01 | 잃어버리다 | ทำหาย<br>[탐 하̆이] |
|----|----------|------|
| 02 | (비행기를) 놓치다 | ตกเครื่อง<br>[똑 크르̂앙] |
| 03 | 다음 비행 편 | เที่ยวบินถัดไป<br>[티̂-아우 빈 탓̀ 빠̂이] |
| 04 | 항공사 | สายการบิน<br>[싸̆-이 까̄-ㄴ 빈] |
| 05 | 추가 요금 | ค่าใช้จ่ายเพิ่ม<br>[카̂- 차́이 짜̀-이 프ㅓ̂-ㅁ] |

# 빨리 찾아

· 항공권을 잃어버렸어요.

ทำตั๋วเครื่องบินหายครับ/ค่ะ
[탐 뚜아 크르앙 빈 하이 크랍/카]

· 여권을 잃어버렸어요.

ทำหนังสือเดินทางหายครับ/ค่ะ
[탐 낭쓰- 드ㅓ-ㄴ타-ㅇ 하이 크랍/카]

· 수화물표를 잃어버렸어요.

ทำป้ายติดตามสัมภาระหายครับ/ค่ะ
[탐 빠이 띳따-ㅁ 쌈파-라 하이 크랍/카]

· 비행기를 놓쳤어요.

ตกเครื่องแล้วครับ/ค่ะ
[똑 크르-앙 래-우 크랍/카]

· 비행기를 놓쳤는데, 누구한테
  물어봐야 하나요?

ตกเครื่องแล้วต้องถามใครครับ/คะ
[똑 크르-앙 래-우 떠-ㅇ 타-ㅁ 크라이 크랍/카]

· 다음 비행 편은 몇 시인가요?

เที่ยวบินถัดไปมีกี่โมงครับ/คะ
[티-아우 빈 탓 빠이 미- 끼- 모-ㅇ 크랍/카]

· 다른 항공사도 상관없어요.

สายการบินอื่นก็ไม่เป็นไรครับ/ค่ะ
[싸이 까-ㄴ 빈 으-ㄴ 꺼- 마이 뻰 라이 크랍/카]

· 추가 요금이 있나요?

มีค่าใช้จ่ายเพิ่มไหมครับ/คะ
[미- 카- 차이 짜-이 프ㅓ-ㅁ 마이 크랍/카]

· 추가 요금은 냈어요.

จ่ายค่าใช้จ่ายเพิ่มแล้วครับ/ค่ะ
[짜-이 카- 차이 짜-이 프ㅓ-ㅁ 래-우 크랍/카]

두리번 두리번

음... 어디지?

ขอโทษค่ะ เคาน์เตอร์
สายการบินซีวอนอยู่ที่ไหนคะ

실례합니다만,
시원 항공 창구는
어디에 있나요?

อยู่ทางโน้นครับ

저쪽에 있습니다.

ยินดีครับ

천만에요.

ขอบคุณค่ะ

감사합니다.

랄랄라~
발권해야지.

# 망설이지 말자!
아야랑렐레이

○○ 항공 창구는 어디에 있나요?
**เคาน์เตอร์สายการบินOOอยู่ที่ไหนคะ**
[카우뜨ㅓ- 싸ˇ이 까ˉㄴ 빈 OO 유- 티- 나ˇ이 카ˇ]

시간이 없어요.
**ไม่มีเวลาแล้วค่ะ**
[마ˆ이 미- 웨ˉㄹ라 래ˆ-우 카ˆ]

# 떠나자 태국으로!!

## 태국 여행이 즐거워지는 필수 정보

# ✈ 태국

## Part 1. 방콕

### ★ 방콕
#### 활기찬 낮과 화려한 밤이 공존하는 도시

태국의 수도인 '방콕(Bangkok)'은 활기찬 낮과 화려한
밤이 공존하는 생기 넘치는 도시이다. 그래서 여행자가
원하는 입맛에 따라 여행 컨셉을 정하고 즐길 수있다.
태국의 전통을 느끼고 싶다면 에메랄드사원으로 대표
되는 태국의 사원을 둘러보면 좋다. 쇼핑을 원한다면
싸얌(Siam)을 찾아가서 시원한 에어컨이 나오는 백화점을
둘러보거나 짜오프라야 강가에 있는 아시아틱(Asiatique)

야시장을 가면 된다. 배낭여행을 계획 중이라면 여행자의 거리 카오산 로드(Kaosan Road)를
가보면 좋다. 다양한 국가에서 온 여행자를 만나 이야기를 나눌 수도 있다.

### • 에메랄드 사원

태국식 명칭은 '왓 프라 깨우(วัดพระแก้ว)'로 이곳에 에메랄드
불상을 안치해두어 이러한 이름이 붙었다. 에메랄드 불상은
태국의 계절(여름: 3~5월, 우기: 6~10월, 겨울 11~2월)에 따라 옷
을 바꿔입는다.

### • 카오산 로드

배낭 여행의 성지로 불리는 이곳은 각국에서 여행 온 배낭
여행객이 몰려드는 곳이다. 저렴한 게스트 하우스와 현지 여행사
가 밀집해 있어 다양한 여행 정보를 얻을 수 있다. 저녁 때에는
길 양 옆으로 팟타이, 스프링 롤, 케밥, 꼬치구이, 바나나 팬
케이크 등 여러 가지 먹거리를 판매한다.

### · 파라곤 백화점

더위에 지쳤다면 싸얌(Siam)에 가서 백화점 투어를 하면 좋다. 지상철인 BTS를 타고 싸얌(Siam) 역에 내리면 바로 백화점으로 이어진다. 이곳에는 '싸얌 파라곤, 싸얌디스커버리, 싸얌 센터' 등의 백화점들이 서로 통로를 통해 이어져 있어 바깥을 통하지 않고도 시원하게 둘러볼 수 있다.

### · 아시아틱

짜오프라야 강 가에 위치하고 있는 아시아틱(Asiatique)은 BTS 싸판딱씬(Sapan Taksin) 역에 내려서 무료로 운행하는 셔틀 보트를 타고 갈 수 있다. 만약 셔틀 보트의 줄이 너무 길다면 택시를 타고 육로로도 이동할 수 있다. 굳이 쇼핑이 아니더라도 라이브 음악이 나오는 곳에서 강바람을 맞으며 맥주나 칵테일, 식사를 즐길 수 있다.

### · 딸랏 롯파이

최근 많은 관광객이 찾는 시장으로 '딸랏 롯파이'가 있다. 지하철인 MRT를 타고 타일랜드 컬쳐 센터(Thailand Culture Centre) 역에내리면 바로 찾아갈 수 있다. 도심에서 가까울 뿐아니라 먹거리가 매우 풍부한 시장이다. 과일의 왕 두리안 뷔페, 새우 양념 찜(일명 '꿍탕')이 가장 대표적인 먹거리이다.

## Part 2. 서부

### ★ 깐짜나부리

태국과 미얀마 접경지역에 위치한 '깐짜나부리(Kanchanaburi)'는 방콕과 약 125km 떨어져 있어서 하룻밤을 묵거나 혹은 당일치기 여행지로 적합하다. 기차로는 약 3시간이 소요된다. 방콕에서 깐짜나부리로 출발하는 기차는 7시 50분, 13시 55분 두 편이 있고, 깐짜나부리에서 방콕으로 돌아오는 기차는 7시 19분과 14시 48분이 있다. 요금은 120~200바트이다.
BTS 머칫역 혹은 MRT 짜뚜짝역에 내려서 버스터미널의 버스를 이용하는 경우, 매시간 출발하는 버스가 있으며 요금은 129바트이다. 버스 말고도 '롯뚜'라고 부르는 밴도 운행되고 있다. 롯뚜는 BTS 아눗싸와리역에서 출발하며 요금은 120~130바트이다.

**볼거리**

**· 에라완 폭포**

태국과 미얀마의 국경을 나누는 콰이강(태국어로는 '쾌'강)
가에 있는 에라완 폭포는 태국 국립공원으로 지정되어 있다.
약 1500m 길이에 모두 7개의 층으로 나누어져 있으며, 국립공원
이라는 이름에 걸맞게 물이 매우 맑고 깨끗하다.

**· 콰이강의 다리**

미얀마와 태국의 국경을 나누는 콰이강의 다리 이외에도 2차
세계대전 때 일본군이 연합군 포로를 데려와 절벽을 깎아 만든
'죽음의 철도'라는 기찻길이 있다. 여전히 기차가 운행되고
있어 낡은 기차를 타고 뼈아픈 옛 과거를 되돌아보는 역사
여행을 할 수 있다.

## Part 3. 동부

### ★ 파타야

동부의 가장 유명한 관광지는 단연 '파타야(Pattaya)'
이다. 파타야는 과거 베트남 전쟁 때 미국 군인들의
휴양지로 개발되었다. 짧은 여행을 계획 중에 태국의
바다를 들르고 싶다면, 방콕에서 차로 약 2시간 거리인
이곳이 적합하다. 파타야의 산호섬에서는 다양한 해양
스포츠를 즐길 수 있으며, 워킹 스트리트에서 화려한
밤 문화를 즐길 수도 있다.

### ★ 짠타부리

개발된 관광지보다 고요하고 조용한 진짜 태국인 마을
을 둘러보고 싶다면 '짠타부리(Chantaburi)'에 가보자.
물가를 따라 가정집이 들어서 있는 전형적인 태국인의
거주 형태를 볼 수 있다. 만약 차량을 대여했다면 짠타부
리의 과수원을 가보는 것도 좋다. 직접 열대과일을
따서 마음껏 먹는 색다른 경험을 할 수 있다.

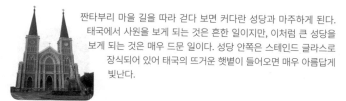

짠타부리 마을 길을 따라 걷다 보면 커다란 성당과 마주하게 된다. 태국에서 사원을 보게 되는 것은 흔한 일이지만, 이처럼 큰 성당을 보게 되는 것은 매우 드문 일이다. 성당 안쪽은 스테인드 글라스로 장식되어 있어 태국의 뜨거운 햇볕이 들어오면 매우 아름답게 빛난다.

## Part 4. 북부

### ★ 치앙마이

북부의 가장 유명한 관광지는 바로 '치앙마이(Chiang Mai)'이다. 방콕에서 국내선 비행기로 약 1시간 정도면 도착할 수 있다. 치앙마이에서 빼놓지 말아야 할 곳은 황금 탑이 눈부신 '왓 프라탓 더이 쑤텝(Wat Phra That Doi Suthep)'이다. 해발 1,000m 위에 세워진 이 사원은 계단으로 오를 수도 있지만 케이블카를 이용해 올라갈 수도 있다.

### ★ 난

태국의 자연환경을 즐기고 싶다면 북부의 또다른 도시 '난(Nan)'을 추천한다. 이곳의 '더이 싸므ㅓ다우(Doi Samer Dao)'에서는 캠핑을 즐길 수 있다. 태국어로 '더이'는 '높은 구릉', '싸므ㅓ'는 '같다, 동등하다', '다우'는 '별'이라는 뜻이다. 말 그대로 별만큼 높은 곳에 위치한 이곳에서는 캠핑을 하면서 밤하늘을 수놓은 별 무리와 아침의 운무를 느낄 수 있다. 밤하늘도 무척 아름답지만 아침에 떠오르는 해를 바라보는 것 또한 새로운 기쁨을 선사해준다.

## Part 5. 동북부

### ★ 카오 야이

'카오 야이 국립공원(Khao Yai National Park)'은 드넓은 숲으로 이루어져 있다. 방콕에서 이곳을 찾아가는 길에 있는 이탈리아 마을을 재현해 놓은 '프리모 피아자(Primo Piazza)'와 소고기 스테이크로 유명한 '촉차이 팜(Farm Chok Chai)'에 들를 것을 추천한다. 만약 가족이나 친구와 여행 중이라면 카오야이에 새로 개장한 워터파크 '시니컬 월드(Scenical world)'도 가볼 만하다.

### ★ 부리람

'부리람(Burriam)'은 역사와 현대가 어우러져 있는 도시이다.
특히 축구를 좋아한다면 이곳에 있는 부리람 유나이티드(Buriram
United FC) 축구 경기장을 방문하면 좋다. 축구장을 방문한 후에
는 '파놈룽 역사 공원(Phanom Rung Historical Park)'을 찾아가서
태국의 고대 사원을 살펴보는 것도 좋다.

## Part 6. 남부

### ★ 푸켓

남부의 가장 유명한 섬 중 하나는 단연 '푸켓(Puket)'이다.
방콕에서 비행기를 타고 약 1시간이면 갈 수 있다. 푸켓
은 커다란 섬이라서 이곳 자체만으로도 즐길 수 있지만,
배를 타고 더 작은 섬으로 이동하면 보다 더 맑고 투명한
바다를 즐길 수 있다. 피피섬은 푸켓에서 이동할 수 있는
대표적인 작은 섬 중 하나이다.

볼거리

#### · 꺼따오

다이빙의 성지라고 불리는 '꺼 따오(Koh Tao)'에는 한국인이 운영
하는 다이빙 숍이 여러 곳이 있다. 이곳에서 체험 다이빙을 배울
수도 있고, 보다 본격적인 다이빙 수업을 들을 수도 있다. 시간이
허락한다면 꺼 따오에서 약 10분 정도 배를 타고 들어가는 '꺼 낭
유안(Koh Nang Yuan)'에 가보자. 썰물 때 물이 빠지면 3개의
섬을 걸어서 돌아볼 수 있는 매우 아름다운 곳이다.

#### · 시밀란

'무 꺼 시밀란(Mu Koh Simalan)'은 여러 개의 섬이 국립 공원
으로 지정되어 있는 군도이다. 1년 중 11월 1일 ~ 5월 15일에만
개장하기 때문에 바다가 매우 깨끗하게 유지되고 있다. 만약 이
기간 중에 태국 남부를 여행할 계획이라면 반드시 들러볼 만한
곳이다.

# 태국 음식 메뉴판

# 국/탕요리

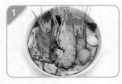

### 똠얌꿍

**ต้มยำกุ้ง** 똠 얌 꿍

새우를 넣은 똠얌찌개,
맵고, 시고, 달고, 짠맛과
향신료의 향이 있는 찌개

### 깽쏨

**แกงส้ม** 깨‾-ㅇ 쏨

맵고 새큼한 찌개,
주로 새우나 생선,
계란부침 등을 넣는다.

### 깽쯧

**แกงจืด** 깨‾-ㅇ 쯔‾-ㅅ

연두부, 돼지고기 완자 등을
넣은 향이 강하지 않은 맑은국

### 깽르앙

**แกงเหลือง** 깨‾-ㅇ 르‾-앙

태국 남부의 대표적인 찌개로
강황을 넣어 노란색이 나는 매운 찌개

### 깽키아우완

**แกงเขียวหวาน** 깨‾-ㅇ 키-아우 와‾-ㄴ

태국의 그린커리,
돼지고기나 닭고기와 동그란 가지,
허브 등을 넣어 조리한다

### 파냉

**พะแนง** 파내‾-ㅇ

태국의 레드커리,
코코넛 밀크를 넣어 부드럽고
향긋한 향이 있다

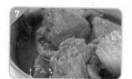

**맛싸만**

**มัสมัน** 맛싸만

남부에서 비롯된 달큰한 맛이 나는 커리,
닭이나 감자 등을 넣어 조리한다

**똠카**

**ต้มข่า** 똠 카-

생선이나 닭고기 등에
생강과의 하나인 '카'를 넣고 끓인 국

## 무침 요리 / 샐러드

**쏨땀**

**ส้มตำ** 쏨 땀

그린 파파야 샐러드로 알려진
맵고 달고 짭짤한 샐러드

**얌운쎈**

**ยำวุ้นเส้น** 얌 운 쎈

태국식 당면을 샐러리, 양파,
돼지고기 등과 함께 무친 음식

**꿍채남쁠라**

**กุ้งแช่น้ำปลา** 꿍 채 남 쁠라-

생새우를 라임즙에 절여서
각종 허브와 마늘과 함께 무친 음식

**랍무**

**ลาบหมู** 라-ㅂ 무-

동북부 지방의 음식으로 돼지고기를
허브 및 향신료와 함께 무친 음식

### 꾸아이띠아우

**ก๋วยเตี๋ยว** 꾸-아이 띠-아우

태국의 쌀국수,
국물이 있는 것과 없는 것이 있다

### 옌따포

**เย็นตาโฟ** 옌 따- 포-

숙성된 두부를 넣어 새콤한
맛이 나는 빨간 국물의 면

### 팟타이

**ผัดไทย** 팟 타이

외국인들에게 가장 잘 알려진
태국 볶음면의 하나

### 팟씨이우

**ผัดซีอิ๊ว** 팟 씨-이우

간장 소스를 베이스로
넓은 쌀국수면을 볶은 것

### 팟쁘리아우완까이

**ผัดเปรี้ยวหวานไก่**
팟 쁘리-아우 와-ㄴ 까이

새콤달콤하게 닭고기를 볶은 것,
탕수육과 비슷한 맛이 난다

### 까이팟멧마무앙

**ไก่ผัดเม็ดมะม่วง**
까이 팟 멧 마 무-앙

닭고기를 캐슈넛과
야채 등을 넣고 볶은 음식

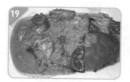

### 뿌팟퐁까리

**ปูผัดกะหรี่** 뿌- 팟 퐁 까리-

게와 달걀을 넣은
커리 소스에 볶은 음식

### 커무양

**คอหมูย่าง** 커- 무- 야-ㅇ

돼지고기 목살을 구워
소스에 찍어 먹는 음식

### 팍붕파이댕

**ผักบุ้งไฟแดง** 팍 붕 파이 대-ㅇ

공심채를 굴 소스에 볶은 것

### 쁠라능마나우

**ปลานึ่งมะนาว** 쁠라- 능 마나-우

생선에 라임을 넣어
새콤한 국물에 쪄낸 것

### 허이라이팟프릭파오

**หอยลายผัดพริกเผา**
허-이 라-이 팟 프릭 파오

농조개를 매운 소스에 볶은 음식

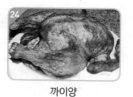

### 까이양

**ไก่ย่าง** 까이 야-ㅇ

닭고기를 로스팅한 것,
주로 쏨땀과 같이 먹는다

**카우카무**

**ข้าวขาหมู** 카^우 카- 무-

족발 덮밥

**카우만까이**

**ข้าวมันไก่** 카^우 만 까이̀

닭 덮밥

**팟까프라오무쌉**

**ผัดกะเพราหมูสับ**

팟̀ 까프라오 무- 쌉̀

홀리바질과 돼지고기를
매콤하게 볶은 덮밥

**카우팟**

**ข้าวผัด** 카^우 팟̀

달걀 볶음밥,
새우, 돼지고기, 닭고기 등을
첨가해서 볶는다

**뻐삐아**

**ปอเปี๊ย** 뻐- 삐́-아

일명 춘권 튀김

**카놈찝**

**ขนมจีบ** 카놈̀ 찌-ㅂ̀

중국의 딤섬과 비슷한 음식

### 싸떼

**สะเต๊ะ** 싸 떼

남부에서 전래한 음식,
커리 소스를 바른 꼬치구이

### 싸이끄럭이싼

**ไส้กรอกอีสาน** 싸이 끄러-ㄱ 이-싸-ㄴ

동북부에서 전래한 소시지

### 무삥

**หมูปิ้ง** 무- 삥

돼지고기 꼬치구이,
찹쌀밥과 함께 먹는다

### 카놈찬

**ขนมชั้น** 카 놈 찬

층층이 만들어진
말캉하고 부드러운 태국식 과자

### 로띠

**โรตี** 로- 띠-

연유를 뿌린 팬케이크,
바나나를 넣어 먹기도 한다

### 카놈룩춥

**ขนมลูกชุบ** 카 놈 루-ㄱ 춥

알록달록한 색깔과 다양한
모양을 가진 태국식 과자

# 음료

### 오리앙

**โอเลี้ยง** 오-리-앙

진한 태국식 커피에
설탕을 넣어 달게 만든 음료

### 차놈카이묵

**ชานมเย็น / ชานมไข่มุก**
차-놈 옌 / 차-놈 카이 묵

홍차에 연유를 넣은 차가운 밀크티
/ 홍차에 연유와 버블을 넣은 버블 밀크티

### 남끄라찌압

**น้ำกระเจี๊ยบ** 나-ㅁ 끄라찌압

'로젤'이라는 꽃을 말려서 우린 티

### 남덕안찬

**น้ำดอกอัญชัน** 나-ㅁ 더-ㄱ 안찬

'클리토리아'라는 꽃을 말려서 우린 티

### 남쁠라오

**น้ำเปล่า** 남 쁠라오

물

### 비아

**เบียร์** 비-아

맥주

메모장

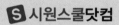